Europäischer Naturfotograf des Jahres

und

Fritz Pölking Preis

2010

Gesellschaft Deutscher Tierfotografen e.V.

Tecklenborg

Inhalt

Bundesamt für Naturschutz

Geleitwort

der Präsidentin des Bundesamtes für Naturschutz Prof. Dr. Beate Jessel

Sehr geehrte Besucherinnen und Besucher der Ausstellung zum Wettbewerb „Europäischer Naturfotograf des Jahres 2010"! Selten habe ich so viele wundervolle Naturaufnahmen gesehen wie in der diesjährigen Auswahl der Siegerbilder. Jedes dieser Bilder ist etwas ganz Besonderes und hat seine eigene Stimmung, seine eigene Aussage. Ich beglückwünsche alle Preisträgerinnen und Preisträger zu dieser Leistung. Die Naturfotografie kommt hier wieder in ganz besonderer Weise zum Einsatz, indem sie Menschen neue Sichtweisen erschließt und ihnen einen Zugang zu Emotionen ermöglicht, die ihnen sonst oftmals verschlossen geblieben wären. Dies ist auch der Grund, warum der Naturschutz auf dieses wichtige Mittel der Kommunikation nicht verzichten kann und weshalb es mich als Naturschützerin besonders freut, dass es diesen Wettbewerb gibt.

Angesichts der atemberaubenden „Perfektheit" der prämierten Bilder habe ich mich unwillkürlich gefragt, ob es sich wohl um manipulierte Bilder handelt – im Zeitalter der digitalen Fotografie wäre das ja nichts Ungewöhnliches. Umso beeindruckter war ich, zu erfahren, dass manipulierte Bilder vom Wettbewerb ausgeschlossen wurden und Authenzität ein ernst genommenes Auswahlkriterium darstellt. Wie ich außerdem erfahren habe, hat die Jury besonders atmosphärische Motive mit hoher Symbolkraft und Bilder mit ungewöhnlichen Bildausschnitten gesucht. Das ist ihr meiner Meinung nach sehr gut gelungen! Ganz besonders deutlich wird dies beim Gesamtsiegerbild: ein Gepard, der als „Lichtgestalt" am Bildrand eines ansonsten dunklen, mysteriösen Hintergrundes entlang streift. Seine Wachsamkeit ist fast greifbar, wobei dem Betrachter verborgen bleibt, was seine Aufmerksamkeit fesselt. Auch ein gewisser Ausdruck von Verwirrtheit lässt sich in seinem Blick erkennen. Es handelt sich jedenfalls um eine Aufnahme, die in der eigenen Phantasie vielfältige Interpretationen zulässt: Durch was wurde dieser Gepard, laut Internationaler Roter Liste eine gefährdete Art, aufgeschreckt? Sind es Menschen, Wilderer gar, die ihn so irritieren – oder ist es das Vorhandensein anderer Tiere? Mir führt dieses Bild die Verantwortung vor Augen, die der Mensch für die Schöpfung hat – aber jeder Betrachter wird seinen eigenen Zugang zu den einzelnen Bildern haben, und das ist auch gut so! In dem Sinne wünsche ich allen Menschen, die diese Fotos betrachten, einen kleinen Moment des Innehaltens, um sich der Schönheit unserer Natur bewusst zu werden. Denn Bewusstsein ist der erste Schritt zum Handeln, um diese Schönheit zu bewahren!

Prof. Dr. Beate Jessel
Präsidentin des Bundesamtes für Naturschutz
Schirmherrin des Wettbewerbs

Gesamtsiegerin
Britta Jaschinski – Deutschland

Ghostly Cheetah – Geisterhafter Gepard

Wenige Tage vor meiner Ankunft in Ndutu (Tansania) hatte ein Buschfeuer in der Region gewütet. Auch zahlreiche große Akazien waren dem Feuer zum Opfer gefallen. Der beißende Geruch von Asche lag in der Luft, und überall sah man Opfer des Feuers: Ausgebrannte Schildkrötenpanzer und orientierungslos wirkende Dikdiks und Impalas, die in der verbrannten Landschaft nach Deckung suchten. Plötzlich erschien ein Gepard auf der verkohlten Savanne. Eigentlich hätte das Feuer ein Glücksfall für die großen Katzen sein müssen: Überall verwirrte Beutetiere, die keine Deckung mehr hatten. Doch auch der Gepard wirkte unruhig und entwurzelt, geradezu geisterhaft. Ich machte ein Bild und sah zu, wie das Tier langsam auf der versengten Savanne verschwand. Geparde gehören zu den stark gefährdeten Tierarten – Lebensraumverlust und direkte Verfolgung gehören zu den wesentlichen Ursachen. Ich glaube, dieses Bild spiegelt diese Bedrohung sehr gut wider; es vermittelt ein Gefühl für die Verletzlichkeit dieser Art.

Nikon FE2, Nikon 4.0/200 mm, Kodak Film TX 400 ASA

Die Jury 2010

v.l.n.r. Jesper Tønning (DK), Naturfotograf
Georg Kantioler (I), Naturfotograf
Klaus Echle, GDT (D), Naturfotograf
Sandra Bartocha, GDT (D), Naturfotografin
Kathrin Müller, Bildredaktion National Geographic Deutschland

Kommentar der Jury

Liebe Naturfotografen, liebe Freunde der Naturfotografie,

wie in jedem Jahr gilt der Dank zuallererst den FotografInnen, die sich am diesjährigen Wettbewerb beteiligt haben. Sie haben dazu beigetragen, dass die Jury aus der gesamten Bandbreite und aus allen Stilrichtungen der Naturfotografie wählen konnte. Auch in diesem Jahr blieben bei über 10.000 Einsendungen wieder faszinierende und schöne Bilder auf der Strecke, die einen Platz im Katalog verdient hätten. Und wie in jedem Jahr werden Besucher und Interessierte die Ausstellung und den Katalog betrachten und entweder zustimmend nicken oder sich kopfschüttelnd fragen, warum diese oder jenes Bild so besonders ist und was, bitteschön, ein Siegerbild zum Siegerbild, den Gesamtsieger zum Gesamtsieger macht. Manche Bilder erzählen eben eine offensichtliche Geschichte während sich die Aussage der nächsten Aufnahme erst beim zweiten oder dritten Blick erschließt. Und das bedeutete auch im zehnten Jahr des Bestehens dieses Wettbewerbs für die Jury: Fünf Mitglieder, zwei Tage gelebte Demokratie, eine überwältigende Fülle und Vielfalt an Spitzenbildern, hitzige, emotionale Diskussionen und Einsatz für die persönlichen Favoriten. Am Ende stand schließlich die Entscheidung für 80 Siegerbilder und den Gesamtsieger des Wettbewerbs „Europäischer Naturfotograf des Jahres 2010".

Keineswegs suchte die Jury bewusst ein Kontrastbild zu den letztjährigen ENJ-Gesamtsiegern. Vielmehr hob sich ein Bild komplett von allen anderen ab, schwebte während der gesamten Jurierung über allen anderen Aufnahmen, so wie der Gepard scheinbar geistergleich durch sein vom Feuer gezeichnetes Revier streift. Es scheint ein so untypisches Bild aus Afrikas Tierwelt: unblutig, abwartend, actionarm, zeigt auf neue Art eine dunkle, mystische Seite der afrikanischen Natur. Und es bricht mit seiner mutigen Gestaltung gleichzeitig alle üblichen Gestaltungselemente. Das Hauptmotiv läuft, ganz an den Rand gedrängt, aus dem Bild. Doch gerade dadurch strahlt es eine solche Intensität aus und ergibt mit seiner Ausgewogenheit von Hell und Dunkel den diesjährigen Gesamtsieger, der für alles steht, was die GDT heute ausmacht. Die Einzigartigkeit der Machart beeindruckt sofort, zieht die Aufmerksamkeit des Betrachters auf sich und exponiert dieses Bild, sodass es keiner weiteren Erklärung bedarf.

Erfrischend und erfreulich ist, dass weiterhin Bilder in allen Kategorien zu Siegerbildern oder Lobenden Erwähnungen gewählt wurden, die ohne großen technischen Aufwand entstanden sind. Auch „Alltagsmotive" und unspektakuläre Situationen in bekannter Umgebung, in der richtigen Lichtstimmung aufgenommen, überzeugten die Jury.

Abschließend möchten wir Sie aufrufen weiterzumachen. Beobachten Sie mit Interesse und Begeisterung Ihre Umwelt, und halten Sie die Schönheit und Einzigartigkeit unserer Natur fotografisch fest! Dabei wünschen wir Ihnen viel Freude und allzeit „Gut Licht".

Klaus Echle (für die Jury)

Europäische Naturfotografin des Jahres 2010

Britta Jaschinski – Deutschland

Britta Jaschinski, gebürtige Bremerin, machte eine Ausbildung als Fotografin, bevor sie nach Großbritannien zog und dort Künstlerische Fotografie studierte. Sie ist Naturfotografin, doch sicherlich nicht im herkömmlichen Sinne. Zwar möchte sie mit ihren Bildern die schönen und unberührten Facetten der Natur widerspiegeln, doch ist es ihr auch ein großes Anliegen, auf die Gefährdung und Zerstörung der belebten Welt hinzuweisen, die regelmäßig von einer einzelnen Art ausgehen, der selbstherrlichen Spezies *homo sapiens*.

Lange Zeit hat Britta Jaschinsky das traurige Schicksal von Tieren in Gefangenschaft dokumentiert. Ihre Portraits der gequälten Kreaturen sind ergreifend und erschütternd in ihrer kompromisslosen Direktheit. Dunkle, harte Kompositionen von Tieren hinter Gittern vermitteln ein Gefühl für das erbärmliche Leben in Gefangenschaft. Zurzeit widmet sich die Künstlerin der Fotografie von Tieren in ihrem natürlichen Lebensraum. Mit ihren Bildern möchte sie die Schönheit, aber auch Zerbrechlichkeit unseres Planeten dokumentieren, wobei der künstlerischen Interpretation stets Vorrang gegenüber der reinen Dokumentation eingeräumt wird. Sie erschließt dabei neue Sichtweisen, die frei sind von konventioneller Darstellung und kulturellem Ballast. Ihre Bilder werfen Fragen auf – Fragen über das zukünftige Schicksal unseres Planeten. Ihre Bildbände werden von Phaidon Press and Thames & Hudson verlegt. Sie hat zahlreiche internationale Auszeichnungen erhalten, ihre Bilder werden weltweit in Museen und auf Kunstfestivals gezeigt und in Galerien und auf Auktionen gehandelt.

www.brittaphotography.com

Den Preis für die Gesamtsiegerin stiftet

Canon

Vögel

Vögel begegnen uns allerorten. Allzu oft nehmen wir sie nur beiläufig wahr, viele Arten sind für uns sogar alltäglich. Aber es gibt auch das geheime, das spannende Leben der Vögel. Die Ausdrucksformen der Balz, die Dynamik des Vogelzuges, der oftmals dramatische Kampf um Nahrung. Hinzu kommen die ästhetischen Aspekte: Farben, Formen und nicht zuletzt die Eleganz des Fluges.

Säugetiere

Diese Kategorie ist offen für Bilder, die Säugetiere zum zentralen Thema haben. Dabei sind gestalterisch und technisch bestechende Bestimmungsbilder ebenso gefragt wie solche, die mehr den ästhetischen Aspekt eines Bildes in den Vordergrund stellen.

Die Jury sucht besonders nach solchen Bildern, die etwas vom Wesen des Tieres erzählen, oder dem Betrachter Einblick in sein Leben geben. Das können sowohl aussagekräftige Porträts sein, als auch solche Bilder, die das Tier in seinem Lebensraum zeigen oder arttypische Verhaltensweisen festhalten.

Andere Tiere

Im Unterschied zu Vögeln und Säugetieren finden andere Tierklassen und -stämme deutlich weniger Interesse bei den Menschen. Dabei existieren allein in Deutschland über 33.000 Insektenarten, aber nur wenig mehr als 700 Wirbeltierarten.

Unter diesen weniger populären Tierarten weisen gerade die Insekten oder auch die Mollusken einen immensen Reichtum an Formen und Farben auf. Ihre Lebensgewohnheiten sind zum Teil spektakulär und hoch komplex. Für diese Kategorie sind Bilder geeignet, die diese Faszination vermitteln und den Blick auch auf Charakter und Schönheit dieser Arten lenken.

Pflanzen

Diese Kategorie möchte den Blick des Betrachters sowohl auf die Schönheit und Ästhetik der Pflanzen, als auch auf ihre vielfältigen Anpassungen an unterschiedlichste Lebensräume lenken.

Daher sind hier Bilder gefragt, die unter besonderer fotografischer Sorgfalt entstanden sind und mit Licht und den Mitteln moderner Bildgestaltung spielen.

Die Bilder dieser Kategorie zeigen die Mannigfaltigkeit und Schönheit der Landschaften unserer Erde. Von der Kulturlandschaft vor unserer Haustür bis hin zu entlegenen Regionen der Welt. Vom Detail bis zu großen Übersichten. Wetterphänomene und die gestaltende Kraft von Wind und Wasser sind beliebte Themen dieser Rubrik.

In den Anfängen des Wettbewerbs „Europäischer Naturfotograf des Jahres" waren Aufnahmen von Tieren und Pflanzen der Unterwasserwelt Teil der Kategorien „Andere Tiere", „Säugetiere" oder „Pflanzen". Doch die Vielfalt der im Wasser beheimateten Lebensformen und die große Zahl der Einsendungen zu diesem Thema veranlassten die Veranstalter, im Jahr 2004 eine eigenständige Kategorie einzurichten. Sie bleibt allen Aufnahmen vorbehalten, die die Welt unter Wasser zeigen – egal ob Pflanzen, Tiere oder Lebensräume, ob im Salz- oder Süßwasser.

Der Mensch greift auf vielfältige Weise in die Natur ein, häufig im negativen Sinne, manchmal auch im positiven. Bildbeispiele hierfür sind das Thema dieser Kategorie. Fotografien, die nachdenklich stimmen, die überraschen oder einfach nur zum Schmunzeln anregen.

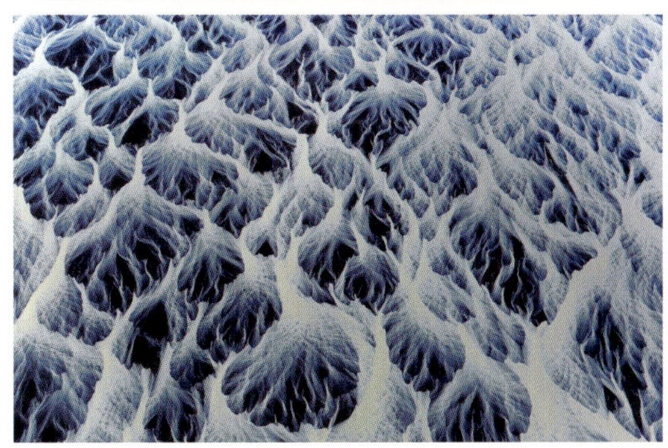

Das Forum der fotografischen Kreativität. Hier finden sich Bilder, die sich mit Farben und Formen der Natur über die reine Dokumentation hinaus beschäftigen. Aufnahmen, bei denen der Fotograf seine individuelle Sichtweise, sein ästhetisches Empfinden und seine fotografische Experimentierfreudigkeit zum Ausdruck bringen kann.

Sieger

Markus Varesvuo – Finnland

Kaakkuri – Sterntaucher

Letzten Sommer verbrachte ich eine Woche in Vaala (Finnland), um Sterntaucher zu fotografieren. Ich fand ein Paar, das an einem kleinen Weiher brütete und regelmäßig zur Nahrungssuche an größere Seen in der Umgebung flog. Ich konnte aus meinem Tarnversteck viele gute Bilder der an- und abfliegenden Vögel machen, aber an diesem Abend war alles perfekt: Der Sterntaucher landete in sanftem Abendlicht genau an der richtigen Stelle, und da es vollkommen windstill war, ergab sich eine herrliche Spiegelung.

Canon EOS 1D Mark III, Canon 4.0/500 mm, ISO 2000, Stativ

Vögel

Den Preis für dieses Bild stiftet **AC-FOTO**

2. Platz

Michel Roggo – Schweiz

Rette sich wer kann!

Im Winter versammeln sich vor allem karpfenartige Fische in großen Massen an ruhigen und tiefen Stellen der Flüsse, so wie diese Döbel hier im Rhein. Diese Szene wollte ich fotografieren. Doch da gab es ein Problem: Es nahte ein Höckerschwan, wahrscheinlich in der Hoffnung auf Futter. Das realisierten wiederum die Döbel, und fertig war es mit der Winterruhe. Die Fische stiegen auf, in Richtung Oberfläche und Schwan. Der schaute sich das unter Wasser an, erschrak ob der Riesenmasse Fische und suchte das Weite – natürlich geradewegs auf mich zu und über die Kamera hinweg. Das ergab zwar überhaupt nicht das gesuchte Bild, aber der Tag war doch noch gerettet.

Canon EOS 5D Mark II, Canon EF 2.8/16-35 mm L, ISO 400,
Hugyfot Unterwassergehäuse

Den Preis für dieses Bild stiftet **AC-FOTO**

Lobende Erwähnung

Werner Bollmann, GDT – Deutschland

Nasses Vergnügen

Scheu sind die Krauskopfpelikane am Kerkinisee (Griechenland) wirklich nicht! Sobald die Fischer ihren Beifang über Bord werfen, versammeln sich Dutzende der großen Wasservögel und balgen sich knurrend und zischend um die Fische. Dabei geht es nicht gerade zimperlich zu. Ich befand mich mit meinem Weitwinkel im Zentrum des Spektakels und war nach wenigen Minuten klatschnass. Einer der Vögel schlug mir bei dem Versuch, den Fisch als erster zu ergattern, sogar kräftig mit dem Flügel auf den Kopf – wieder einmal ein Erlebnis, das nur einem Naturfotografen passieren kann.

Nikon D700, Nikon 2.8/24-70 mm, ISO 400, Kamerainterner Blitz

Lobende Erwähnung

Paweł Smolik – Polen

Koncert – Konzert

Dieses Bild entstand ganz zufällig, denn eigentlich war ich im Bory Tucholskie Nationalpark (Polen) unterwegs, um Vogelstimmen aufzunehmen. Während der Rekorder lief, beobachtete ich einen Waldlaubsänger, der von Ast zu Ast flog und mit einem kräftigen Konzert klarstellte, wer der Herr in diesem Revier war. Mit dem 300 mm-Objektiv gelang es mir, einige Aufnahmen aus freier Hand zu machen.

Pentax K20D, Pentax SMCP-FA* 2.8/300 mm, ISO 400

Lobende Erwähnung

Christophe Sidamon-Pesson, David Allemand – Frankreich

Harfang des neiges – Schneeeule

Die Aufnahme dieser Schneeeule entstand in Kanada. Ich versuche immer, grafische Elemente in meine Bilder einzubeziehen, und so war ich hoch erfreut, die Eule in diesem optisch ansprechenden Baum zu finden, dessen Farbe sehr gut zum düster-grauen Hintergrund passte. Das Bild gefällt mir aufgrund seiner graphischen Strenge; es strahlt Ruhe, Reinheit und Harmonie aus.

Canon EOS 1D Mark II N,
Canon 4.0/500 mm, ISO 640, Stativ

Lobende Erwähnung

Philippe Moës

Belgien

Liberté – Freiheit

Ich hatte mein hölzernes Tarnversteck bereits im Herbst vor einer Erle aufgebaut, da ich hoffte, im Winter Aufnahmen von Erlenzeisigen machen zu können. Ein paar Wochen später fing es an zu schneien. Um es kurz zu machen, die Zeisige sind niemals gekommen, aber mit dieser Blaumeise war ich dann auch sehr zufrieden.

Canon EOS 7D, Canon 4.0/500 mm,
ISO 400, Stativ

Lobende Erwähnung

Veli-Pekka Katajamäki – Finnland

Metso – Auerhahn

Wieder einmal verbrachte ich eine Nacht in meinem Ansitz am Balzplatz der Auerhähne. Es war noch dunkel, und ich hörte überall die Geräusche der balzenden Hähne. Langsam wurde es heller, und ich konnte die Vögel bereits schemenhaft erkennen. Inzwischen reichte das Licht zwar aus zum Fotografieren, aber ich hatte ein ganz bestimmtes Bild im Kopf, und so wartete ich, bis ein Vogel an die richtige Stelle kam. Direkt hinter meinem Versteck lag ein kleiner Hügel, und ich hoffte, dass sich einer der Auerhähne dort hinbewegen würde. Genau in dem Augenblick als die erste Morgensonne erstrahlte, erschien ein balzender Hahn genau am richtigen Platz, und ich konnte mein Bild verwirklichen: Der mystische Auerhahn im dämmrigen finnischen Wald.

Canon 1D Mark II, Canon 4.0/300 mm IS USM, ISO 1600

Lobende Erwähnung

Lasse Niskala – Finnland

Sateinen päivä – Regentag

Im Garten eines verlassenen Hauses habe ich einen Futterplatz für Kleinvögel eingerichtet. Dort saß ich an einem verregneten Tag, als plötzlich diese Elster im dicksten Graupelschauer auf einem Stoß alter Heustaketen landete. Mit 1/15 Sekunde Belichtungszeit gelang es mir, den starken Regen sichtbar zu machen.

Nikon D70, Sigma 2.8/70-200 mm, ISO 400, Stativ

Lobende Erwähnung

Werner Bollmann, GDT
Deutschland

Clowns im Schnee

Wenn die Papageitaucher Mitte März aus dem Winterquartier zurückkehren, sind ihre Brutfelsen in Nordnorwegen häufig noch mit Schnee bedeckt. Ich habe diese lustigen Vögel schon oft fotografiert, aber zu erleben, wie hunderte, ja tausende von Papageitauchern im Schneesturm über dem Meer kreisen, ist ein beeindruckendes Naturschauspiel. Die Vögel sind nicht wirklich scheu, doch muss man sich ihnen behutsam nähern, um keine Massenpanik auszulösen. Daher nahm ich meine längste Brennweite, um Portraits zu machen, was zudem den Vorteil hatte, dass der Schnee im Vordergrund unscharf aufgelöst wurde und sanft zum Weiß der Vögel überleitete.

Nikon D300, Nikon 4.0/500 mm,
1,4x Konverter, ISO 200, Stativ

Lobende Erwähnung

Paul M. Kornacker, GDT – Deutschland

Scharfblick

Weißbürzel-Würgerkrähen (*Strepera graculina*), englisch Pied Currawong, sind im Osten Australiens weit verbreitet und mit den Rabenvögeln verwandt. Auch im Blackdown Tableland Nationalpark, Queensland, kommen diese Würgerkrähen häufig vor. Eigentlich galt der Besuch des Nationalparks einem dort vorkommenden seltenen Blattschwanzgecko. Aber an einem nasskalten, windigen Morgen entdeckte ich diese beiden Krähen unmittelbar an unserem Campingplatz im Wald. Seit einiger Zeit beschäftigte mich die Idee, die verzaubernde Ausstrahlung, die Scharfsichtigkeit und Schlauheit dieser Tiere fotografisch umzusetzen. Beide Vögel saßen im perfekten Abstand zueinander, so dass ich meine Vorstellung realisieren konnte.

Canon EOS 40D, Canon EF 4.5-5.6/100-400 mm L IS USM, ISO 125, Stativ

Sieger

Christophe Sidamon-Pesson
Frankreich

Bouquetins dans la tempête de neige
Steinböcke im Schneesturm

Der Winter 2008/2009 war in den Alpen extrem hart, und das Überleben wurde für die Tiere in den Höhenlagen immer schwieriger. Während eines heftigen Schneetreibens begab ich mich zum Pass von Lautaret (Französische Alpen), wo sich regelmäßig einige Steinböcke zur Nahrungssuche einfanden. Der starke Wind hatte einige Stellen vom Schnee befreit, und die Steinböcke grasten im Schneesturm, der das Fell der Tiere bereits weiß überzogen hatte. Nach kurzer Zeit waren auch ich und mein ganzes Equipment komplett verschneit. Im Laufe der nächsten Woche sollten noch einmal zwei Meter Schnee fallen – wirklich harte Bedingungen für die Bergbewohner.

Nikon D2X, Nikon 4.0/200-400 mm, ISO 200, Stativ

Säugetiere

Den Preis für dieses Bild stiftet **NIKON**

2. Platz

Grégoire Bouguereau – Frankreich

Hyene au point du jour – Hyäne bei Sonnenaufgang

Bereits seit zehn Tagen konnte ich beobachten, dass sich ein Hyänenrudel jeden Morgen an einem Wasserloch in der südlichen Serengeti (Tansania) einfand. Offensichtlich diente die Wasserstelle nicht nur als Tränke, sondern auch als Treffpunkt, um die sozialen Kontakte der Rudelmitglieder nach Ablauf der Nacht aufzufrischen. Als ich an diesem Morgen dort ankam, hatten bereits alle Hyänen das Wasserloch verlassen – bis auf eine, die dort noch ein wenig verweilte, als gerade die Sonne aufging.

Nikon D3x, Nikon AF-S 2.8/24-70 mm ED, ISO 250

Den Preis für dieses Bild stiftet **NIKON**

Lobende Erwähnung

Sven Začek – Estland

Õhtusöök auravast katlast – Abendessen am dampfenden Fluss

Im Dezember 2009 war es eine Woche lang richtig kalt gewesen. An diesem Morgen waren es -28 °C, und der Fluss schien förmlich zu dampfen. Ich war froh, ein so schönes Motiv wie diesen fressenden Otter gefunden zu haben, und so war es mir auch ziemlich egal, dass meine Knie auf dem Eis langsam taub wurden.

Nikon D3x, Nikon 2.8/300 mm VR, 1,7x Konverter, ISO 250

Lobende Erwähnung

Daniel Buron – Spanien

Ciervos, moscas y polvo – Hirsche, Fliegen und Staub

Rothirsche (*Cervus elaphus*) waren bis Mitte des letzten Jahrhunderts relativ selten in Spanien. Durch Wiederansiedlung, meistens für die Jagd, hat sich ihr Bestand aber inzwischen wieder recht gut entwickelt. Diese Aufnahme entstand an einem sehr heißen Sommertag mit über 40°C im Sierra Norte Nationalpark, in der Nähe von Sevilla (Spanien). Die Hirsche hatten bereits ihr Geweih geschoben, das aber noch von Bast umhüllt war. Die Geweihe leuchteten im Licht der tiefstehenden Sonne, das von den Ästen der Korkeichen gefiltert wurde. Überall waren Fliegen, der Staub wirbelte – ein typischer heißer Spätsommertag.

Canon EOS 40D, Canon EF 2.8/300 mm L IS, 2x Konverter, ISO 320, Bohnensack

Lobende Erwähnung

Danny Green

Großbritannien

Brown Bear in a snow shower

Braunbär im Schneeschauer

Während die Zahl der Braunbären im restlichen Europa dramatisch sinkt, kann man in Finnland eine sehr positive Bestandesentwicklung beobachten. Dieses Bild entstand im letzten Juni an der finnisch-russischen Grenze. Als ich den jungen Bären fotografierte, kam ein heftiger Schneeschauer auf – nichts Ungewöhnliches im Juni in diesem Teil von Finnland. Ich beschloss, den Bären kleiner ins Bild zu setzen, um ihn im Kontext mit seinem Lebensraum zu zeigen.

Canon 1Ds Mark II, 4.0/500 mm,
ISO 200, Stativ

Lobende Erwähnung

Tommy Vikars – Finnland

Att upptäcka skogen – Auf Entdeckungstour im Wald

Ich hatte schon seit einigen Jahren keine Füchse mehr fotografiert, doch jetzt wollte ich es wieder einmal versuchen. Und so wanderte ich zu allen mir bekannten Fuchsbauten, aber keiner war besetzt. Erst am letzten Bau, der ganz in der Nähe der offenen Kulturlandschaft lag, wurde ich fündig. Ich baute dort mein Tarnzelt auf und verbrachte drei wundervolle Wochen mit den Tieren. Am besten gefallen mir die Bilder, auf denen man sieht, wie die jungen Füchse neugierig ihre Umgebung erkunden und sich auf Entdeckungsreise in die weite Welt machen.

Nikon D700, Nikon 2.8/300 mm, ISO 1600, Stativ

Lobende Erwähnung

Manuel Presti – Italien

Fantasma della savana – Der Geist der Savanne

Nach einer rasanten Jagd hatten drei Geparde ein ausgewachsenes Gnu gerissen. Nachdem die Katzen reichlich sattgefressen waren, bewegten sie sich langsam in Richtung des nächstgelegenen Baumes. Zwei Zebras beobachteten wachsam jede Bewegung der großen Katzen. Als ich bemerkte, dass ein Gepard wahrscheinlich genau vor den Zebras entlang laufen würde, entstand dieses Bild in meinem Kopf. So stellte ich auf die Zebras scharf und hoffte, dass alle drei Tiere ins Format passen würden.

Canon EOS 1D Mark III, Canon 4.0/500 mm, ISO 1250

Lobende Erwähnung

Theo Bosboom – Niederlande

Rendieren in de sneeuw – Rentiere im Schnee

An einem kalten Februartag entdeckte ich im Südosten von Island eine kleine Herde von Rentieren. Im Winter suchen diese Tiere tiefere Regionen auf, um Nahrung zu suchen. Ich war fasziniert, wie die Rentiere optisch mit ihrer Umgebung verschmolzen; aus größerer Entfernung konnte man sie in der verschneiten Landschaft kaum erkennen. Ich wartete bis die Tiere optimal verteilt waren und löste aus.

Canon EOS 1D Mark IV, Canon 4.0/500 mm L IS, 1,4x Konverter, ISO 2000, Stativ

Lobende Erwähnung

Marek Kosinski – Polen

Jelen pedzacy przez stado zurawi – Rothirsch zwischen Kranichen

Ich hatte schon viele Stunden in meinem Tarnversteck am Schlafplatz der Kraniche verbracht, die sich jede Nacht im Flachwasser einer kleinen Bucht versammelten. In direkter Nähe trafen sich regelmäßig Rothirsche zur Brunft, die nicht selten in das flache Wasser des Sees liefen und dabei die Kraniche aufjagten. Ich hoffte, einmal ein Bild von dieser spannenden Situation machen zu können, und an diesem Morgen gelang es mir.

Nikon D300, Nikon AF-S 4.0/200-400 mm VR, ISO 640

Lobende Erwähnung

Bruno D'Amicis, GDT – Italien

Ritratto di Camoscio d'Abruzzo – Porträt einer Abruzzen-Gämse

Abruzzen-Gämsen sind wirklich faszinierende Tiere. Sie verbringen ihr ganzes Leben in den Höhenlagen des Apennin und sind auch an härteste Wetterbedingungen hervorragend angepasst. Außerdem sehen sie schön aus und zeigen viele interessante Verhaltensweisen. Kein Wunder also, dass sie von jeher zu meinen bevorzugten Motiven gehörten und ich jedes Jahr aufs Neue mit meiner Fotoausrüstung hinauf in ihren Lebensraum steige. An diesem Tag hatte ich mich vorsichtig an eine kleine Gruppe weiblicher Tiere herangepirscht. Die Sonne stand bereits tief am Horizont, und ich wollte versuchen, eine Gegenlichtaufnahme zu machen. Ich schaffte es gerade noch, in die richtige Position zu gelangen, machte einige Bilder, die ich bewusst unterbelichtete, dann war das Tier auch schon zwischen den Latschenkiefern verschwunden.

Canon EOS 1D Mark III, Canon EF L IS 4.0/500 mm USM, 1,4x Konverter, ISO 200, Stativ

Sieger

Csaba Gönye – Ungarn

Tavaszi fototaxis – Phototaxis im Frühling

An einem warmen und sonnigen Tag im März suchte ich nach geeigneten Motiven für Makrofotografie. Zwischen vertrockneten Weinblättern auf dem Boden fand ich viele Schnecken, die sich aber leider in ihre Gehäuse zurückgezogen hatten. Mir fiel auf, wie schön die Sonne durch die Blätter strahlte. Ich legte noch weitere Blätter hinzu, um diesen Effekt zu verstärken. Dann stellte ich meinen Blitz ein, um eine der Schnecken etwas aufzuhellen. Zum Glück wachte das Tier auf und kroch ein wenig herum. Dabei streckte es seinen Kopf zur Sonne hin, dem Frühling entgegen …

Canon EOS 40D, Sigma 2.8/50 mm Makro EX DG, ISO 320,
Bohnensack, Blitz

Andere Tiere

Den Preis für dieses Bild stiftet **AC-FOTO**

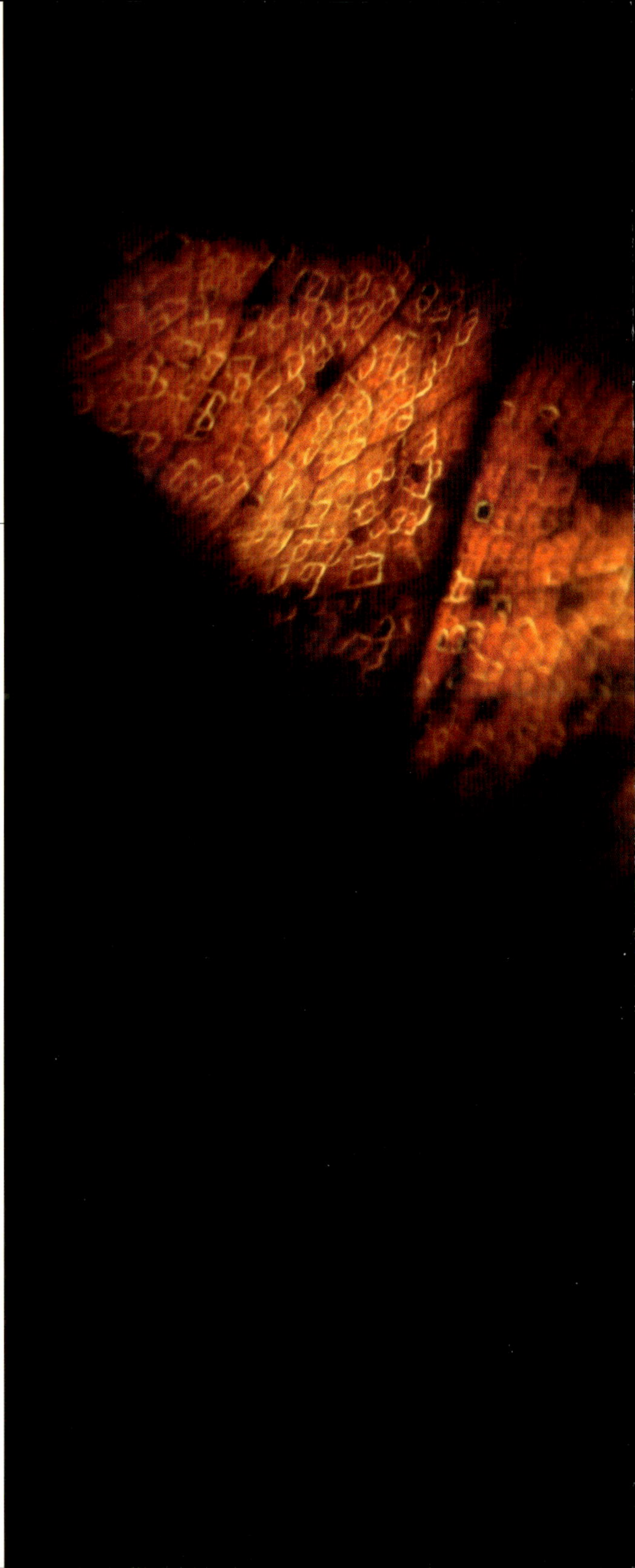

2. Platz
Asier Castro de la Fuente – Spanien

El Cometa – Der Komet

Die Dämmerung lag schon über dem Strand von Azkorri (Baskenland), und ich hatte meine Fotoausrüstung bereits eingepackt, als ich diesen Seestern am Flutsaum entdeckte. Er wurde von den starken Wellen umher gespült, manchmal verschwand er auch ganz und tauchte an anderer Stelle wieder auf. Es war gar nicht so einfach, eine schöne Komposition zu finden und dann noch die richtige Verschlusszeit zu wählen, die die Bewegung des Wassers wiedergab. Nach vielen Versuchen gelang mir dieses Bild, mit dem ich sehr zufrieden war. Als ich dann noch eine andere Perspektive ausprobieren wollte, kam eine große Welle und zog den Seestern endgültig hinaus ins Meer.

Nikon D3, Nikon AF-S 3.5-5.6/24-120 mm, ISO 200, Polfilter, Stativ

Den Preis für dieses Bild stiftet **AC-FOTO**

Lobende Erwähnung

Marco Colombo – Italien

Scorpione e fiamme
Skorpion und Flammen

Orangefarbene und weiße Flechten auf einem Stein. Eine kleine Bewegung beim Auslösen und ein Skorpion (*Euscorpius concinnus*) wird zu einem dunklen Schatten vor einer Wand aus Flammen. Ein symbolisches Feuer, das an die echten Brände erinnert, die jeden Sommer riesige Bestände der mediterranen Wälder vernichten, auch hier in der Region Ligurien (Italien). Waldbrände sind ein wichtiger Bestandteil der ökologischen Prozesse in diesen Wäldern, doch die von Menschen gelegten Feuer nehmen beständig zu. Dieses Tier bleibt von den „Flammen" verschont, doch sollte man den immensen Verlust an Biodiversität, der durch Waldbrände verursacht wird, nicht unterschätzen.

Nikon D700, AF Nikkor 2.8/105 mm,
ISO 200, Nikon Makro-Blitz-System

Lobende Erwähnung

Ingo Arndt, GDT – Deutschland

Angriffslustige Krabbe

Christmas Island, mitten im Indischen Ozean gelegen, beherbergt die weltweit größte Landkrabben-Population. Eine der dort lebenden Arten ist die endemische „Blaue Krabbe" (*Discoplax hirtipes*). Die Tiere verteidigen ihr Revier mit aufgestellten Zangen energisch gegen Eindringlinge. Mit einem Weitwinkelobjektiv fotografierte ich die Krabben aus der Bodenperspektive. Um die Dynamik des Bildes zu verstärken, kombinierte ich eine lange Verschlusszeit mit Blitzlicht und bewegte die Kamera während der Aufnahme. Die lange Belichtungsdauer zeigt den Hintergrund in Bewegungsunschärfe, das Blitzlicht dagegen stellt die Krabbe im Vordergrund scharf dar.

Canon EOS 5D Mark II, Canon 3.5-4.5/20-35 mm, ISO 100, Blitz

Lobende Erwähnung

Misja Smits – Niederlande

Lieveheersbeestje op paddenstoel – Marienkäfer auf Pilz

Der Herbst ist mir die liebste Jahreszeit, denn dann kann man endlich wieder Pilze fotografieren. Während ich durch mein Makro-Objektiv schaute, bemerkte ich den hellen Lichtfleck hinter den beiden kleinen Pilzen, und ich entschloss mich, ihn gezielt in die Komposition einzubeziehen. Das interne Blitzgerät meiner Kamera nutzte ich, um die Pilze so aufzuhellen, dass sie zu leuchten schienen. Und als der kleine Marienkäfer dann noch auf den vorderen Pilz krabbelte, war die Komposition perfekt.

Nikon D80, Tamron 2.8/90 mm, ISO 400, Stativ, Kamerainterner Blitz

Lobende Erwähnung

Bruno D'Amicis, GDT – Italien

La danza delle lucciole – Tanz der Glühwürmchen

Wenn die männlichen Leuchtkäfer (*Lampyris nocticula*) durch die lauen Sommernächte fliegen, ist das immer wieder ein beeindruckender Anblick. Seit meiner frühesten Kindheit habe ich dieses Naturschauspiel geliebt. Doch leider führen der zunehmende Einsatz von Pestiziden und die ständig wachsende Zahl künstlicher Lichtquellen zu einem rapiden Bestandsrückgang dieser Spezies. Den milden Juliabenden würde viel von ihrem Charme fehlen, sollten die Leuchtkäfer für immer verschwinden. Daher hoffe ich, dass dieses Bild etwas zu ihrem Schutz beitragen kann.

Canon EOS 40D, Tokina 4.0/12-24 mm, ISO 200, Stativ

Lobende Erwähnung

Bence Máté – Ungarn

Függő játszma – Auge in Auge

Ich fotografierte gerade Kolibris während eines Aufenthalts in Costa Rica, als mich die hektischen Warnrufe der Vögel auf die Anwesenheit eines Fressfeindes aufmerksam machten. Es war eine Baumviper, die umgehend von diesem kleinen Grünscheitelbrilliant attackiert wurde. Um beide Tiere ausreichend scharf abbilden zu können, setzte ich zwei Blitzgeräte ein.

Nikon D300, Nikon 2.8/300 mm, ISO 200, Stativ, 2 Blitze

Lobende Erwähnung

Christian Ziegler, GDT – Deutschland

Liebestolle Männchen

Orchideen sind oftmals originell in ihrer Bestäubungsbiologie. Diese „King Spider Orchid" im westlichen Australien imitiert das Paarungspheromon einer parasitischen Wespenart. Die genarrten Männchen werden angelockt und bekämpfen sich gegenseitig, um sich mit dem vermeintlichen Wespenweibchen zu paaren. In diesem Tumult wird das Pollenpaket von der Blüte auf eines der Wespenmännchen übertragen und so der Pollentransport gesichert.

Canon EOS 5D II, Canon 2.8/100 mm Makro, ISO 200, 4 Blitze (entfesselt, mit Softboxen)

Lobende Erwähnung

Theo Bosboom – Niederlande

Waterjuffers in het riet – Libellen im Röhricht

Es war ein warmer, bedeckter Augusttag als ich in einem Sumpfgebiet im Osten der Niederlande dieses Pärchen Binsenjungfern (*Lestes sponsa*) entdeckte, das sich auf einem Seggenhalm niedergelassen hatte. Mir gefiel das graphische Element der Halme, das sich in der Anordnung der Insekten wiederholte. Der bedeckte Himmel ließ den Hintergrund fast weiß erscheinen, was das Abstrakte des Bildes noch hervorhebt.

Canon EOS 5D Mark II, Canon 4.0/500 mm L IS, 1.4x Konverter, ISO 1250, Stativ

Lobende Erwähnung

Gianfranco Barbieri – Italien

La lumaca-razzo – Raketenschnecke

Der Nebel der vergangenen Nacht hatte die Fenster meines Hauses mit unzähligen Tröpfchen bedeckt. Diese kleine Schnecke (*Cedaea nemoralis*) hinterließ auf ihrem Weg durch die Tropfen eine pinkfarbene Spur, hervorgerufen durch die Spiegelung des Herbstlaubes im Garten. Rasch holte ich mein Makro-Objektiv und suchte einen geeigneten Ausschnitt für mein Bild. Ich wollte keinen Blitz verwenden, da sonst die wunderschöne Lichtstimmung zerstört worden wäre. Also wählte ich eine Zeit-Blenden-Kombination, die mir erlaubte, das Tier in seiner Bewegung scharf abzubilden und dabei noch ausreichend Tiefenschärfe bot. Man sollte glauben, so eine Schnecke sei langsam, aber tatsächlich konnte ich nur ein gutes Bild machen, bevor das Tier am oberen Fensterrahmen angekommen war, wo das Licht völlig uninteressant und langweilig war – wahrlich eine „Raketenschnecke".

Canon EOS 20D, Canon 2.8/100 mm Makro, ISO 200

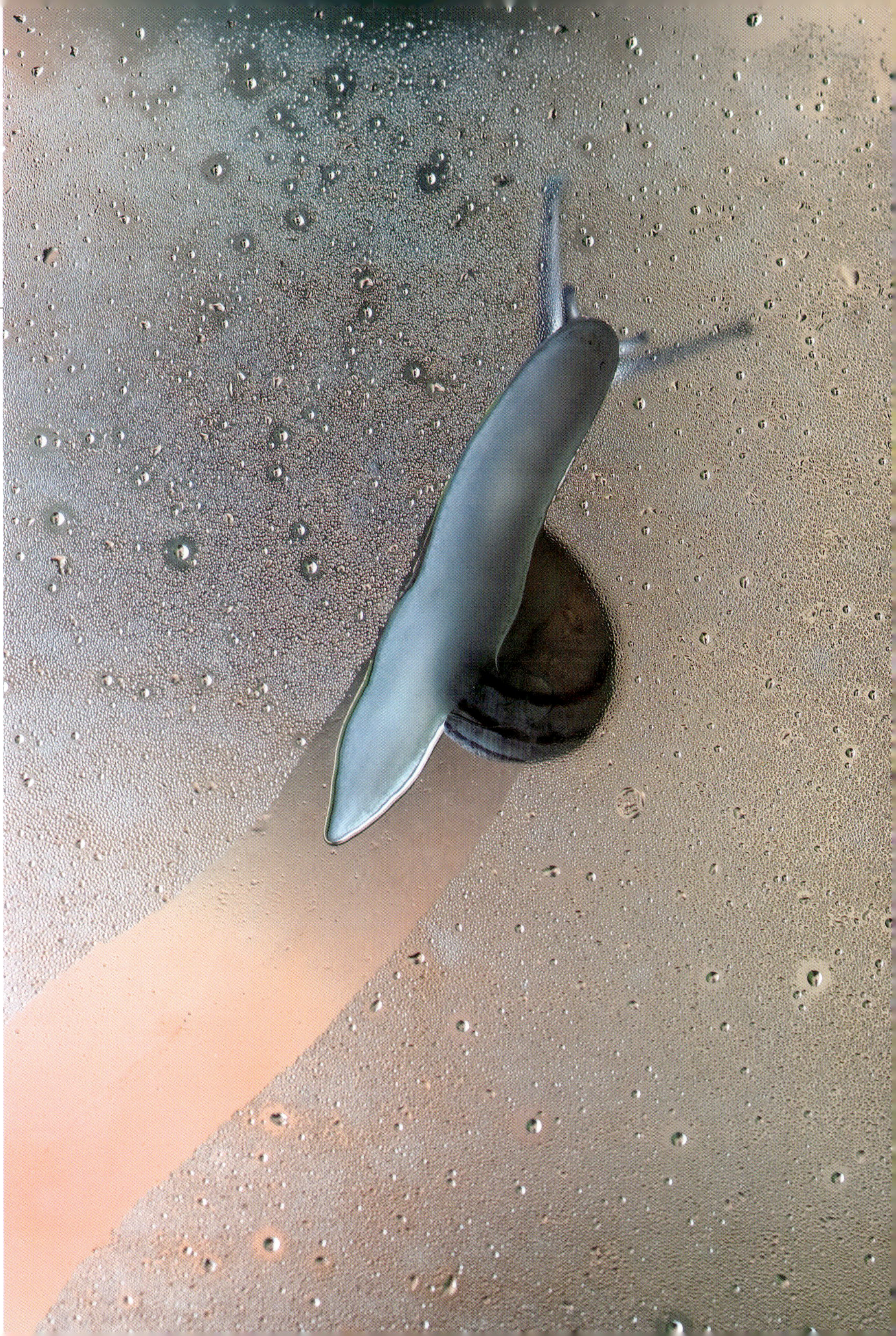

Siegerin

Gabi Reichert – Deutschland

Tang in Licht und Zeit

Die feinen Strukturen des Tangs kommen im schrägen Licht der Mitternachtssonne besonders gut zur Geltung. Da das Licht jedoch nur partiell, nämlich an den gewölbten Stellen, „Zugang" zum Tang fand, bildeten sich zusätzliche, schöne Kontraste. Tang kommt aus dem Wasser, daher war es mir wichtig, die Nähe des Meeres ins Foto zu bringen. So wartete ich, bis eine Welle kam und den Tang umspülte. Eine vergleichsweise kurze Langzeitbelichtung von 1/2 Sekunde zeigt den Weg, den das Wasser in dieser Zeit nahm.

Canon 5D Mark II, Canon 4.0/24-104 mm L IS USM, ISO 100,
Stativ, Polfilter

Pflanzen

Den Preis für dieses Bild stiftet **BERLEBACH**

2. Platz

Mees de Bruijne – Niederlande

Porseleinzwam – Buchenschleimrübling

Als ich im letzten Herbst im Speulderwald (Niederlande) Pilze fotografierte, entdeckte ich diese Gruppe von Buchenschleimrüblingen (*Oudemansiella mucida*). Ich probierte verschiedene Einstellungen aus, entschied mich aber letztendlich für eine Aufnahme aus ganz tiefer Perspektive und fotografierte durch einen Buchenzweig hindurch, dessen Laub einen schönen, unscharfen Rahmen für die Pilze bildete. Da ich an dieser Stelle mein Stativ nicht optimal positionieren konnte, musste ich mich stark verrenkt zurücklegen und dabei Kamera und Stativ über mich ziehen – eine sehr effektive Bauchmuskelübung!

Nikon D700, AF Micro-Nikkor 4.0/200 mm IF-ED, ISO 200, Stativ

Den Preis für dieses Bild stiftet **KÖNIG PHOTOBAGS**

Lobende Erwähnung

Kerstin Langenberger – Deutschland

New Zealand Edelweiß

Den „Avalanche Peak“ (1833m) im „Arthur's Pass National Park“ auf der Südinsel Neuseelands bestieg ich mitten in der Nacht, und nach einer dreistündigen Wanderung war ich rechtzeitig vor Sonnenaufgang auf dem Gipfel. Es war ein wunderbarer Morgen, den ich nur in Begleitung eines Keas mit dem Fotografieren und dem Erleben der fantastischen Landschaft verbrachte. Besonders faszinierten mich die Edelweiße (South Island Edelweiß), welche die einzigen Pflanzen waren, die am kahlen Fels gediehen. Im Nachhinein erfuhr ich, dass genau in den Minuten, als ich dieses Foto machte, mein Großvater verstarb, weshalb das Bild für mich noch eine ganz besondere Bedeutung erlangt hat.

Nikon F4, Nikkor 2.8-4.0/24-85 mm, Fuji Velvia 50, Stativ, Grauverlauffilter

Lobende Erwähnung

Radomir Jakubowski, GDT – Deutschland

Im Traumland

Über mehrere Jahre bin ich auf der Suche gewesen nach einem Küchenschellengebiet, in dem die Sonne abends perfekt steht. Dieses Jahr nun habe ich endlich eines gefunden! So kam es dann auch, dass ich fast täglich – bei Unwetterwarnungen wie an sonnigen Tagen – diese Stelle aufsuchte in der Hoffnung auf eine ganz besondere Lichtstimmung, die es mir ermöglichen würde, ein anderes, besonderes Küchenschellenfoto zu machen. Zwar hatte ich keine genaue Vorstellung davon, wie mein Küchenschellenbild aussehen sollte, doch ich war zuversichtlich und konnte schließlich, einen Tag vor Einsendeschluss des Wettbewerbs, dieses Foto machen.

Canon EOS 5D Mark II, Canon EF 2.8/300 mm L IS, ISO 200, Bohnensack, Kabelauslöser

Lobende Erwähnung

Julien Poirion – Frankreich

Flou gère – Farn-Traum

Ursprünglich war ich an diesem Morgen früh losgezogen, um Libellen zu fotografieren, doch wie so oft fand sich kein geeignetes Motiv. Dennoch musste ich nicht unverrichteter Dinge zurückkehren, denn ich entdeckte diesen eleganten Tüpfelfarn, der sich für fotografische Experimente geradezu anbot. Im Hintergrund befand sich ein von der Sonne beschienenes Feld, die Pflanze selbst lag im Halbschatten. Ich fotografierte mit sehr geringer Tiefenschärfe, so dass die Elemente in Vorder- und Hintergrund zu farbigen Flächen aufgelöst wurden. Das Ergebnis war ein wundervoll duftiges Bild von einem Farn.

Nikon D3, Sigma 2.8/150 mm Makro, ISO 320

Lobende Erwähnung

Hans-Peter Schaub

Deutschland

Schattenspiele

Das Bild entstand im Schmetterlingshaus des Maximilianparks in Hamm. Natürlich wollte ich dort eigentlich Schmetterlinge fotografieren. Dann aber faszinierte mich das Spiel von Licht und Schatten, das sich an dem sonnigen Tag in der üppigen Vegetation des Hauses ergab.

Olympus E-620, Tamron SP 2.5/90 mm Makro, ISO 800

Lobende Erwähnung

István Kerekes – Ungarn

Erdőlakók – Waldbewohner

Im November des letzten Jahres beschäftigte ich mich sehr intensiv mit der Fotografie von Pilzen. Ich machte unzählige Bilder, die mir gut gefielen, aber dieses ist mein absoluter Favorit. Mir gefallen sowohl das Licht im Hintergrund als auch die Umgebung, die etwas über den Lebensraum der kleinen Pilze erzählt.

Nikon D3, Nikon AF 4.5-5.6/80-400 mm D ED VR, ISO 400, Taschenlampe

Lobende Erwähnung

Hugo Wassermann – Italien

Lärchen bei Schneefall

In den Wintermonaten bin ich besonders bei außergewöhnlichen Wettersituationen in meiner Zweitheimat Sexten unterwegs. Die faszinierenden Lärchenwiesen des Sextner Naturparks beeindrucken mich immer wieder, und ich habe dort schon faszinierende Stimmungen erlebt. So auch an einem Wintertag Mitte Februar. Bei heftigem Schneefall und Sturm waren vormittags große Schwärme von Wacholderdrosseln unterwegs, die immer wieder auf die Beeren der Ebereschensträuche einflogen. Nachdem ich mich einige Stunden mit diesem Schauspiel beschäftigt hatte und der Schneefall immer stärker wurde, entschloss ich mich, die restlichen Stunden des Tages in den nahegelegenen Lärchenwiesen zu verbringen. Nach mehreren anstrengenden Stunden entstand dieses Bild schließlich auf dem Heimweg.

Canon EOS 5D Mark II, Canon 2.8/70-200 mm, ISO 200, Stativ

Lobende Erwähnung

Marijn Heuts – Niederlande

Soortgenoten – Doppelung

Jeden Herbst bietet ein nahegelegener Buchenwald den idealen Lebensraum für viele verschiedene Pilzarten. Von allen Pilzen gefallen mir die Helmlinge mit ihren pastelligen Farben und zarten Hüten am besten. Diese beiden Exemplare waren so winzig, dass ich zur Umsetzung meiner Bildidee einen Zwischenring einsetzen musste. Ich benutzte eine silberbeschichtete Erste-Hilfe-Decke als Reflektor, um etwas mehr Licht auf die Unterseite der Pilze zu bringen.

Canon 1D Mark III, Sigma 2.8/150 mm Makro, ISO 200, Stativ, Zwischenring, Kabelauslöser, silberner Reflektor

Lobende Erwähnung

Werner Bollmann, GDT – Deutschland

Wiesenschachtelhalm

Die fertilen Sprosse des Wiesenschachtelhalms (*Equisetum pratense*) sind im Frühjahr ein vertrauter Anblick an den Straßen- und Waldrändern Skandinaviens. Ursprünglich wollte ich ein ganz klassisches Bild der Sporophylle machen, da die Pflanzen aber an einem kleinen Hang wuchsen, gelang es mir nicht, alle Sprossenden in einem Bild zu vereinen. Bei meinen Versuchen blieb ich plötzlich an einem mittleren Sprossabschnitt hängen, dessen minarettartige Anmutung mir grafisch gut gefiel. Also änderte ich meinen Plan und machte stattdessen dieses Bild – wie so oft erwies sich ein vermeintlicher Nachteil im Nachhinein als Glücksfall.

Nikon D700, Nikon 2.8/105 mm, ISO 200, silberner Reflektor

Sieger

Juan Pavón – Spanien

El Sonido del silencio – Der Klang der Stille

Die Aufnahme entstand im letzten Jahr in der Sierra de Gredos (Spanien), an einem dieser herrlich verregneten Herbsttage, an denen man eine innige Verbindung zum Wald und zur Natur selbst verspürt. Eine Wanderung durch die wolkenverhangenen Bergwälder ist ein Fest für die Sinne: Die leuchtenden Farben, der würzige Duft des feuchten Waldbodens und über allem der Klang der Stille …

Canon EOS 5D, Canon EF 4.0/17-40 mm L USM, ISO 100, Stativ, Polfilter, Grauverlauffilter

Landschaft

Den Preis für dieses Bild stiftet **AC-FOTO**

2. Platz

Francisco Mingorance – Spanien

Lanzarote, la isla de los volcanes
Lanzarote, Insel der Vulkane

Seit jeher liebe ich die Kanaren, ihre biologische Vielfalt und vor allem ihre vulkanischen Landschaften, in denen ich immer wieder faszinierende Motive für meine Bücher und andere Projekte finde. Vor allem Lanzarote ist ein vulkanisches Juwel unter den Kanarischen Inseln. Lavawüsten, Höhlen und alle Arten von Basaltgestein bilden ein wildes, manchmal kaum begehbares Landschaftsmosaik. Mit diesem Bild wollte ich die rohe Kraft der Landschaft einfangen und ebenso die Spuren, die die Verwitterung im Laufe der Zeit hinterlassen hat. Harmonisch eingerahmt wird das Ganze von Sternenbahnen, die sich um den Polarstern anordnen, und zu einem eindrucksvollen visuellen Gesamtkonzept beitragen.

Nikon D3, Nikon 2.8/24-70 mm, ISO 200, Stativ, Lampe als künstliche Lichtquelle, Kabelauslöser

Den Preis für dieses Bild stiftet **AC-FOTO**

Lobende Erwähnung

Olivier Seydoux – Schweiz

La Fin – Das Ende

Hier, auf dem schwarzen Lavasand südlich der Lagune von Jökulsarlon, endet die Zeitspanne eines Eisbergs des Breiðamerkurjökull (Island). Große Blöcke brechen regelmäßig am Ende der Gletscherzunge ab und treiben als Eisberge durch die Lagune. Die Strömung der Jokulsa, die aus der Lagune ins Meer fließt, erfasst sie irgendwann und treibt sie in das Meer, wo sie von den auflaufenden Wellen zu immer kleineren Brocken zermahlen werden. Diese liegen dann wie gläserne Kunstwerke auf dem schwarzen Sand, dessen hoher Mineralgehalt eines der größten Meere des Planeten düngt – den Atlantischen Ozean.

Canon EOS 1Ds Mark III, Canon EF 4.0/17-40 mm L USM, ISO 100, Stativ, Neutraler Graufilter, Grauverlauffilter

Lobende Erwähnung

Jarmo Manninen – Finnland

Kitkajoki – Kitka-Fluss

Ein herrlicher Wintertag im hohen Norden, -35 °C und sonnig. Ich hatte Wasseramseln am Kitka-Fluss (Finnland) fotografiert, und der Tag neigte sich bereits dem Ende, als die Sonne noch einmal kraftvoll durch den Nebel brach, der sich über dem Fluss gebildet hatte. Ich musste mich beeilen, diese zauberhafte Stimmung einzufangen, denn schon bald würde die Sonne wieder hinter dem Horizont verschwunden sein.

Canon EOS 1D Mark IV, Canon EF 2.8/16-35 mm L II USM, ISO 200, Stativ, Grauverlauffilter

Lobende Erwähnung

Cyrille Grillère – Frankreich

Etang des Lésines – Weiher von Lésines

Eine friedvolle, kontemplative Ruhe umgibt mich. Ich stehe mit den Füßen im Wasser eines kleinen Sees, eine kalte Brise weht, und ich friere erbärmlich während ich auf das erste Licht warte. Alles wirkt wie erstarrt, das Ried, die Wasseroberfläche, nur Wolken und Nebel ziehen langsam vorbei. Genau auf diesen Moment habe ich gewartet – ich löse aus.

Canon EOS 5D, Canon 4.0/17-40 mm, ISO 50, Stativ, Grauverlauffilter

Lobende Erwähnung

Christophe Sidamon-Pesson – Frankreich

Lac pyrénéen dans le brouillard – Pyrenäensee im Nebel

Wolken zogen an jenem Abend aus den Tälern des Naturschutzgebietes Néouvielle, hoch in den französischen Pyrenäen. Ich suchte nach abgestorbenen Bäumen, die als Vordergrund für ein Bild dieser weiten, unberührten Landschaft hätten dienen können. Ich wurde nicht recht fündig, doch hatte die Suche viel Zeit in Anspruch genommen. So kam ich erst viel später als geplant zurück zu der kleinen Straße, an der dieser See lag. Der Mond war gerade aufgegangen, und der Nebel begann bereits, sich aufzulösen. In diesem Augenblick bedauerte ich es, nicht früher hier angekommen zu sein, um mich besser auf diese Aufnahme vorbereiten zu können.

Nikon D3, Nikon 2.8/28-70 mm, ISO 400, Stativ

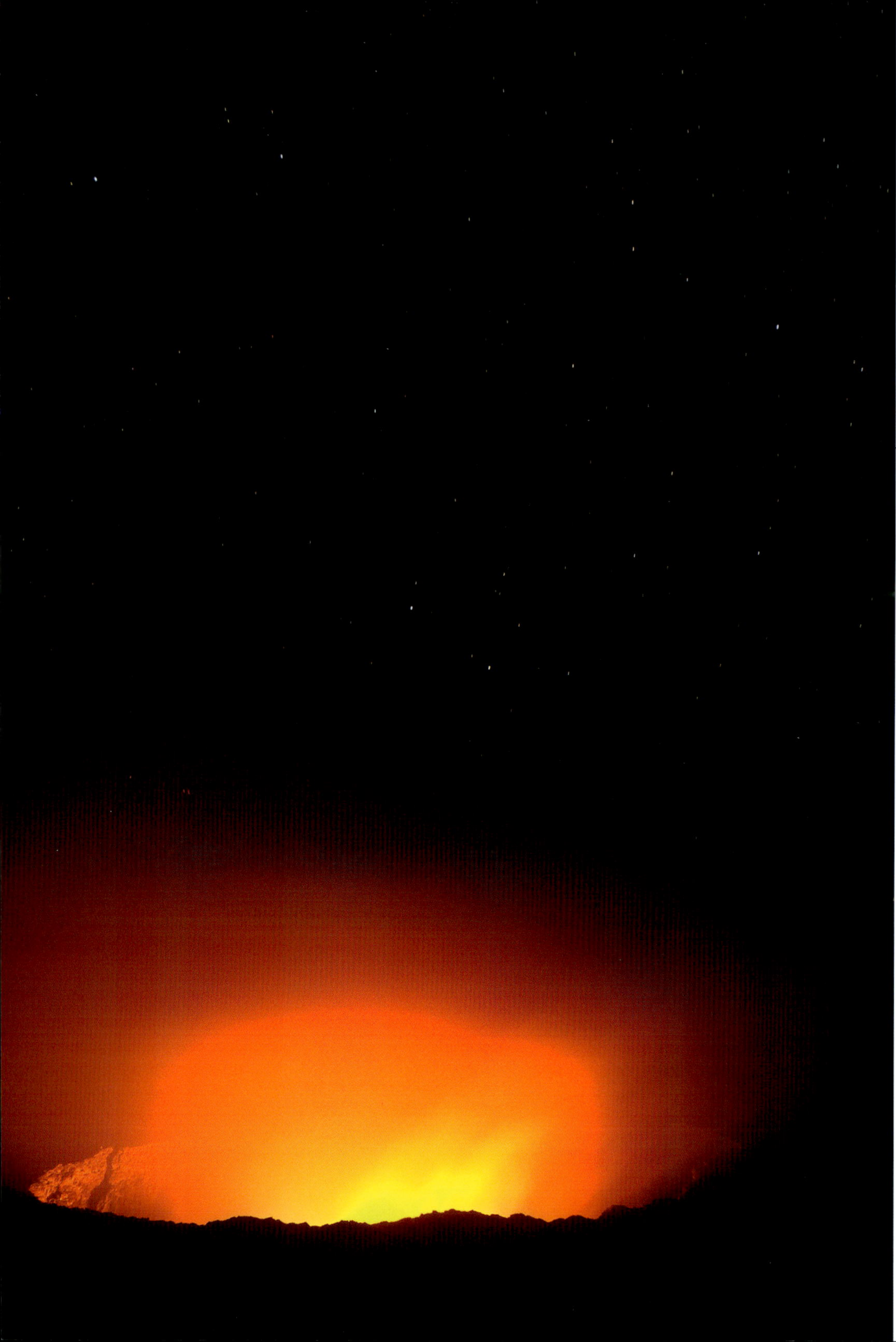

Lobende Erwähnung
Jorge Manuel L. Santos
Portugal

Começos – Am Anfang

Der Vulkan Erta Ale in der Region Afar (Äthiopien) ist einer der wenigen Vulkane mit einem aktiven Lava-See. Erta Ale liegt im Zentrum der sogenannten Danakil-Depression, einem der heißesten Gebiete der Erde. Wenn man in der Nacht auf die glühende Lava blickt, bekommt man eine Vorstellung davon, wie es in der Frühzeit der Erde ausgesehen haben könnte: Keine Spuren von Leben, nur feuerspeiende Vulkane unter einem endlosen Sternenhimmel.

Nikon D2x, Nikon AF-S 2.8/17-55 mm ED-IF, ISO 400, Stativ

Lobende Erwähnung

Hugo Wassermann – Italien

Küste bei Nacht

Am Ende meiner mehrwöchigen Islandreise war ich Mitte Juli auf der Halbinsel Snaefellsness. Eine Reise nach Island bedeutet fast immer auch Schlafmangel, da ein Fototag dort meist 24 Stunden dauert. Besonders an Tagen mit viel Sonnenlicht wird dann für einige Stunden im Schlafsack gedöst, und in der Nacht geht es auf Exkursion mit der Kamera. Es ist ein unbeschreibliches Erlebnis, diese Weiten und die unberührte Natur in gedämpftem Licht zu erleben und zu fotografieren. Die Herausforderung liegt dann darin, diese Ruhe und Mystik in aussagekräftigen Bildern auszudrücken.

Canon EOS 5D Mark II, Canon 2.8/70-200 mm, ISO 200, Stativ

Lobende Erwähnung

Elisabeth Schmidbauer – Deutschland

Nebelwald

Viele Male schon war ich auf dem Lusen, dem höchsten Berg im Nationalpark Bayerischer Wald. Immer wieder herrschen hier wechselnde Stimmungen, für die sich der späte Aufstieg lohnt. Nach einem sommerlichen Gewitter war der Gipfel vom Tal aus aufgrund des Dunstes nicht zu sehen. Ohne Hoffnung auf Fernsicht wurde ich mit dieser besonderen Nebelstimmung im frisch auflebenden Mischwald belohnt.

Canon EOS 40D, Canon EF 2.8/70-200 mm, ISO 100

Lobende Erwähnung

Maurizio Biancarelli – Italien

Prima luce dell'alba sulle cascate Veliki Prstvaci – Morgenstimmung an den Wasserfällen von Plitvice

Dieses Bild entstand während einer Reise nach Kroatien, die ich im Rahmen des Projekts "Wild Wonders of Europe" durchführte. Die herbstlich verfärbten Bäume und der Morgennebel schaffen genau die richtige Atmosphäre, um die Stimmung in diesem „Königreich des Wassers" zu beschreiben. Lange vor Sonnenaufgang war ich vor Ort, um das erste kalte Licht des Tages für mein Bild zu nutzen. Ich wollte ein Bild machen, das sich von den vielen anderen Fotos unterschied, die bereits an diesem Foto-Hotspot entstanden sind. Und da die Elemente an diesem Tag auf meiner Seite waren, ist es mir wohl auch gelungen.

Nikon D3, Nikon 2.8/24-70 mm, ISO 200, Stativ, Grauverlauffilter

Sieger

Solvin Zankl, GDT – Deutschland

Junge Oliv-Bastardschildkröte surft in der Welle

Die junge Oliv-Bastardschildkröte (*Lepidochelys olivacea*) hat es trotz der lauernden Geier, Störche, Hunde und Krabben bis ins Meer geschafft. Nun wird sie einen ganzen Tag lang fast ununterbrochen schwimmen. Als Orientierung dient dabei die Wellenrichtung, gegen die sich der kräftige Winzling stemmt, um die Küste hinter sich zu lassen. Doch auch im Wasser lauern Gefahren: Raubfische von unten und Fregattvögel von oben.

Nikon D3x, modifiziertes Fischauge, ISO 100,
Seacam-Unterwassergehäuse, 2 Seacam-Blitze

Unter Wasser

Den Preis für dieses Bild stiftet die **KUR- UND TOURISMUS GMBH ZINGST**

2. Platz
Florent Cardinaux – Frankreich

Feuille de bouleau à la surface de la gouille d'une tourbière

Birkenblatt im Moorwasser

Diese Aufnahme eines Birkenblattes entstand vor zwei Jahren im Oktober, im kalten Wasser eines Moorsees im französischen Jura. Im dunklen Moorwasser brachen die Strahlen der Herbstsonne, die wie rote und orangefarbene Nebel unter Wasser aussahen.

Nikonos V, Nikonos 2.5/35 mm und Makrovorsatz, Fujichrome Provia 100F

Den Preis für dieses Bild stiftet die **KUR- UND TOURISMUS GMBH ZINGST**

Lobende Erwähnung

Bartosz Strozynski – Polen

Twarzą w twarz – Von Angesicht zu Angesicht

Die Antarktis ist der einzige Ort auf der Welt, an dem man einem Seeleoparden begegnen kann. Ihren Namen hat diese Robbenart von den charakteristischen dunklen Flecken auf ihrem Fell. Häufig kann man die Tiere beim Dösen auf treibenden Eisschollen beobachten – dann machen sie einen trägen, langsamen Eindruck. Sobald sie sich aber im Wasser, ihrem eigentlichen Element, befinden, verwandeln sie sich in blitzschnelle, Furcht einflößende Geschöpfe. Diese Aufnahme eines drei Meter langen und über 500 kg schweren Seeleoparden wurde aus 15 cm Entfernung mit einem Weitwinkel-Objektiv gemacht.

Canon Ds 1 MARK III, Canon 2.8/14 mm L, ISO 400, Seacam UW-Gehäuse

Lobende Erwähnung

Göran Ehlme – Schweden

Arktisk tungviktare – Arktisches Schwergewicht

Walrosse suchen ihre Nahrung am Grunde des Meeres, üblicherweise in Tiefen zwischen 10 und 25 Metern. Ein Tauchgang dauert zumeist 4 bis 8 Minuten, danach müssen die Tiere zum Atmen an die Wasseroberfläche schwimmen. Dieses Walross fotografierte ich im Nordosten Grönlands. Ich begleitete das Tier beim Auf- und Abtauchen, und nach einiger Zeit hatte es sich so an mich gewöhnt, dass ich Aufnahmen aus weniger als 50 cm Entfernung machen konnte, ohne dass es mich beachtete.

Nikon D2x, Nikon 4.0/12-24 mm, ISO 400

Lobende Erwähnung

Paul van Hoof – Niederlande

Wereld van gelei – Gallertige Welt unter Wasser

In milden Frühlingsnächten wandern Kröten und Frösche zu ihren Laichgewässern. Erdkröten (*Bufo bufo*) und Grasfrösche (*Rana temporaria*) kommen etwa zur gleichen Zeit an den Gewässern an, wo die Grasfrösche ihre Laichballen bevorzugt alle an derselben Stelle ablegen. Dort können sich die Ballen zu riesigen Gallertmassen auftürmen. Diese beiden Erdkrötenpärchen schwimmen inmitten dieser gallertigen Unterwasserwelt.

Nikon D300, Sigma 4.0-5.6/10-20 mm, ISO 800, Unterwasser-Gehäuse

Lobende Erwähnung

Angel M. Fitor – Spanien

Vida embotellada – Neues Leben in der Flasche

Schwarzgrundeln (*Gobius niger*) suchen sich normalerweise natürliche Höhlen für die Eiablage aus, doch dieser Fisch hat sich für eine leere Bierflasche entschieden. Hier wacht er nun über eine große Schar von Nachkommen, die kurz vor dem Schlüpfen steht. Das dunkle Glas der Flasche gibt dem einfallenden Licht eine warme Färbung, die diesen intimen Moment sehr schön unterstreicht.

Nikon D200, Nikon AF 2.8/60 mm, 100 ISO, Unterwasser-Gehäuse, 2 Unterwasser-Blitze

Lobende Erwähnung

Kirsten Schiller – Deutschland

Hai-Impression (C)

Bei einem Besuch in Burgers Zoo in Arnheim (Niederlande) habe ich viel Zeit im Ozeanum verbracht. Dieser Hai tauchte völlig unerwartet aus dem Dunkeln auf und kam direkt auf mich zu geschwommen. In diesem Moment konnte ich mir ungefähr vorstellen, wie es sein muss, wenn man in natürlicher Umgebung von einem solchen Raubtier überrascht wird. Durch die längere Belichtungszeit ist es ein abstraktes Foto geworden, was durch die Umsetzung in schwarz-weiß noch verstärkt wird.

Canon Powershot G10, 4.0-6.1/30.5 mm, ISO 400

Lobende Erwähnung

Christophe Sidamon-Pesson – Frankreich

Lymnée – Schlammschnecke

Schlammschnecken haben die erstaunliche Fähigkeit, sich an der Unterseite der Wasseroberfläche fortbewegen zu können. Diese Aufnahme entstand bei einem Besuch in der Alpes-de-Haute-Provence (Frankreich), wo ich an einem Projekt über Moore arbeitete. Im späten Frühjahr hatten die Blätter der Seerosen die Wasseroberfläche noch nicht ganz erreicht, und durch die Spiegelungen ergab sich ein interessantes Motiv aus der Unterwasser-Perspektive, genau die richtige Mischung aus Chaos und Ordnung. Die Schnecke bemerkte ich erst recht spät, da ich die Kamera von oben unter die Wasseroberfläche hielt. Ein Bild auf diese Art zu komponieren war schwierig, aber überaus spannend.

Canon G9, Canon 2.8/35 mm, ISO 200, Sea&Sea Unterwassergehäuse

Lobende Erwähnung

Manfred Delpho, GDT – Deutschland

Eisvogel bei der Unterwasserjagd

Im eisigen Winter machen sich die Eisvögel auf die Suche nach offenen Gewässern, an denen sie nach kleinen Fischen jagen können. Wenn sich eine lukrative Nahrungsquelle direkt im Garten eines Naturfotografen auftut, ist das ein großes Glück – für beide. Der Eisvogel kommt wohlbehalten durch die kalte Jahreszeit, und dem Naturfotografen gelingen faszinierende Aufnahmen direkt vor der Haustür. Um die Unterwasserjagd des kleinen Fischers fotografieren zu können, baute ich am Ufer des Teiches ein Aquarium auf. Der Eisvogel lernte nach einiger Zeit, Fische daraus zu erbeuten. Für diese Aufnahme benötigte ich mehrere Wochen, da ich zunächst lernen musste, zu erkennen, wann der Vogel zum Sturzflug ansetzten würde. Auf den Einsatz einer Lichtschranke habe ich bewusst verzichtet.

Nikon D3, Nikon 2.8/24-70 mm, 100 ISO, Stativ, 2 Blitze, Aufhellfolie

Lobende Erwähnung

Giordano Cipriani – Italien

Sfera – Sphäre

Diese Aufnahme entstand in Indonesien, im Archipel der Togian-Inseln. Ich tauchte nahe am Ufer, als plötzlich dieser Fischschwarm auftauchte und sich langsam kreisförmig um mich bewegte, ganz so als würde er eine eigene Sphäre bilden.

Nikon D2x, Nikon 2.8/10.5 mm, ISO 100, Seacam-Unterwassergehäuse, 2 Sea&Sea Unterwasserblitze

Sieger

Paul Hobson – Großbritannien

City centre living – Leben im Stadtzentrum

Immer wieder kommt es vor, dass im Stadtzentrum von Leeds (Großbritannien) Misteldrosseln in Ampelanlagen brüten. In diesem Jahr suchte sich ein Drosselpärchen eine Ampel aus, die direkt neben einer Bushaltestelle lag – eine wunderbare Gelegenheit, ein Bild zu machen, das die friedlich brütenden Vögel inmitten des Lichtermeeres einer nächtlichen Großstadt zeigt. Um diesen Eindruck zu verstärken, wählte ich eine sehr lange Belichtungszeit, so dass die Lichter des abfahrenden Busses als farbige Linien erschienen und alle Farben der Ampel auf dem fertigen Bild zu sehen waren.

Canon EOS 5D Mark II, Canon 2.8/16-35 mm, ISO 160, Stativ

Mensch und Natur

Den Preis für dieses Bild stiftet **TAMRON**

Markets
SPACE
Templar Street
SPACE
Quarry Hill
SPACE
Dual Carriageway
PEDESTRIANS
push button and wait
for signal opposite

2. Platz
Josef Vorholt, GDT – Deutschland

Fenstervogel

Jedes Jahr Anfang Juni taucht „unser" Buntspecht mit seinen bettelnden Jungen an der Försterei auf. Eines Morgens wurde ich von einem lauten Schlag aufgeschreckt: Ein junger Buntspecht war gegen das Küchenfenster geflogen. Als ich das Fenster erreichte, sah ich ihn noch davonfliegen. Ich war sehr froh, dass er diese schmerzliche Fensterlektion so gut überstanden hatte. Der bei dem Flugunfall hinterlassene Abdruck fiel mir erst am nächsten Tag auf. Das diffuse Morgenlicht machte eine unerwartet detailreiche und filigrane Gefiederzeichnung sichtbar.

Canon EOS 1Ds Mark II, Sigma Makro 3.5/180 mm, 1,4x Konverter,
ISO 100, Stativ

Den Preis für dieses Bild stiftet **ELTIMA ELECTRONIC**

Lobende Erwähnung

Carsten Egevang – Dänemark

Succesfuld fangst – Erfolgreiche Jagd

Der Eisbär mag inzwischen weltweit als Symbol für den Klimawandel angesehen werden, doch in Grönland ist er weiterhin ein wichtiges Jagdwild für viele Einheimische. Mit einem toten Eisbären kann man eine Menge Geld verdienen, was gerade in Regionen mit geringen Verdienstmöglichkeiten eine immense Rolle spielt. Eisbären sind auch weiterhin die ultimative Jagdbeute in Grönland: Sie versorgen den Jäger mit schmackhaftem Fleisch, und das Fell, der Schädel und die Krallen lassen sich gut verkaufen. Allerdings gehen Wildbiologen inzwischen davon aus, dass die von der grönländischen Regierung jährlich festgelegte Abschussquote deutlich zu hoch angesetzt ist und der Fortbestand der Art durch zu intensive Jagd gefährdet wird.

Canon EOS 1D Mark III, Canon EF 2.8/24-70 mm, ISO 160

Lobende Erwähnung

Patrick Centurioni – Österreich

Über den Dächern Innsbrucks

Dieses Bild wurde auf der Nordkette, einer direkt an meine Heimatstadt Innsbruck angrenzenden Bergregion, aufgenommen. Lange schon war es mein Wunsch, den Kontrast und die Nähe zwischen Großstadt und alpinem Wildlife zu dokumentieren und so eine weitere Besonderheit Innsbrucks aus einer etwas anderen Perspektive hervorzuheben. Zu meinem Glück suchte diese Gämse eine exponierte Stelle für ihre Ruhepause auf. So hatte ich genug Zeit, den gewünschten Hintergrund der Innenstadt direkt hinter das Tier zu legen.

Canon 40D, Canon 4.0/300 mm, 1,4x Konverter, ISO 100

Lobende Erwähnung

Angel M. Fitor – Spanien

Pez de pobres, pez de ricos – Ein Fisch für Arm und Reich

Die Fischer am Tanganjika-See fangen ihre Beute zumeist mit Schnur und Haken. Einer der begehrtesten Fische ist der Changongos (*Cyphotilapia gibberosa*), was in der Sprache der Einheimischen „bucklig" bedeutet. Auch bei Aquarianern in Europa ist diese Fischart sehr beliebt. Während man allerdings in Afrika auf dem Markt etwa einen Euro pro Stück bezahlt, kostet derselbe Fisch in Europa lebendig verkauft über 200 Euro.

Nikon D200, Tokina 3.5-4.5/10-17 mm Fisheye, ISO 100, Unterwassergehäuse, 2 Unterwasser-Blitze

Lobende Erwähnung

Manfred Delpho, GDT
Deutschland

Kein Anglerlatein: Eisvogel auf Angel

Ein Eisvogel fand sich seit einigen Jahren regelmäßig an meinem kleinen Naturteich zum Fischen ein. Im Laufe der Zeit verlor der kleine Fischer zunehmend seine Scheu, und ich konnte diese Bildidee verwirklichen. Ich bat einen Freund, mir als „Angler" Modell zu stehen. Der Eisvogel zögerte nicht lange und benutzte die Angelspitze als Sitzwarte.

Nikon D3, Nikon 4.0/200-400 mm VR, ISO 640, Stativ

Lobende Erwähnung

Uri Golman – Dänemark

Vulkansk Overflyvning – Vulkan im Vorbeiflug

Ich verbrachte dieses Jahr drei Tage auf Island, um den Ausbruch des Eyjafjallajökull zu fotografieren. Plötzlich näherte sich ein Hubschrauber mit einer Filmcrew an Bord. Die Szene erinnerte mich stark an einen amerikanischen Action-Film. Nur wenige Tage später gab es eine weitere, deutlich heftigere Eruption, die den Flugverkehr in Europa nahezu lahmlegte. Ein gutes Beispiel dafür, dass Mutter Natur noch immer Macht über uns hat.

Canon EOS 1Ds Mark III, Canon EF 4.0/500 mm, ISO 500, Stativ

Lobende Erwähnung

Peter Gaal – Ungarn

Megpecsételve – Markiert

Die Aufnahme entstand im Hafen von Newport (Oregon), ein guter Ort, um Seelöwen zu beobachten. Mit ihren heulenden Rufen kommunizieren die Tiere untereinander, und man hört sie schon von Weitem, lange bevor man sie sieht. Es ist immer wieder faszinierend, die Spiele und Kämpfe dieser ausgezeichneten Schwimmer zu beobachten. Viele Stunden des Tages verbringen die Seelöwen mit Dösen. Während ich versuchte, Detailaufnahmen der ruhenden Tiere zu machen, fiel mir ein blinkender Gegenstand auf: Es war eine Plakette, mit der ein Seelöwe markiert worden war. Ein gutes Beispiel, dachte ich mir, für die vielen Formen menschlichen Umgangs mit der Natur.

Nikon D3, Nikon AF-S 4.5-5.6/70-300 mm VR, ISO 400

Lobende Erwähnung

Luis Manuel Iglesias Núñez
Spanien

Insecto atraido por la luz
Angelockt vom Licht

Angelockt vom hellen Schein der Glühbirne hat sich ein Insekt ins Haus verirrt und schwirrt nun in endlosen Kreisen um die Lampe. Die klassische Situation in einer warmen Sommernacht. Im Unterschied zu vielen anderen Insekten, die hierbei den Tod finden, hatte dieser Protagonist mehr Glück: Ich brachte ihn vorsichtig ins Freie.

Canon EOS 40D, Canon 2.8/100 mm,
ISO 100, Stativ, 3 Blitze

Lobende Erwähnung

Andrea Ballhause, GDT – Deutschland

Ich bin dann mal weg ...

Im Karlsruher Zoo hat das Wasserbecken des Eisbärengeheges runde Bullaugen als Gucklöcher. Der Blick auf die Eisbären ist dadurch gewissermaßen eingerahmt, wie bei einem Bild an der Wand. Die Möglichkeit, die Bären zu betrachten ist wundervoll, doch gleichzeitig – wie bei allen Zootieren – ist es auch eine Möglichkeit, sie tatsächlich nur als Gegenstand unserer Unterhaltung anzusehen, eben wie ein Bild an der Wand. Dieser Blick auf das „gerahmte" Tier ist für mich auch ein Symbol für unsere Entfremdung von der Natur. Und nicht nur im Bild entschwindet der Eisbär inzwischen ...

Canon EOS 50D, Canon 4.0/17-85 mm, ISO 320, Stativ

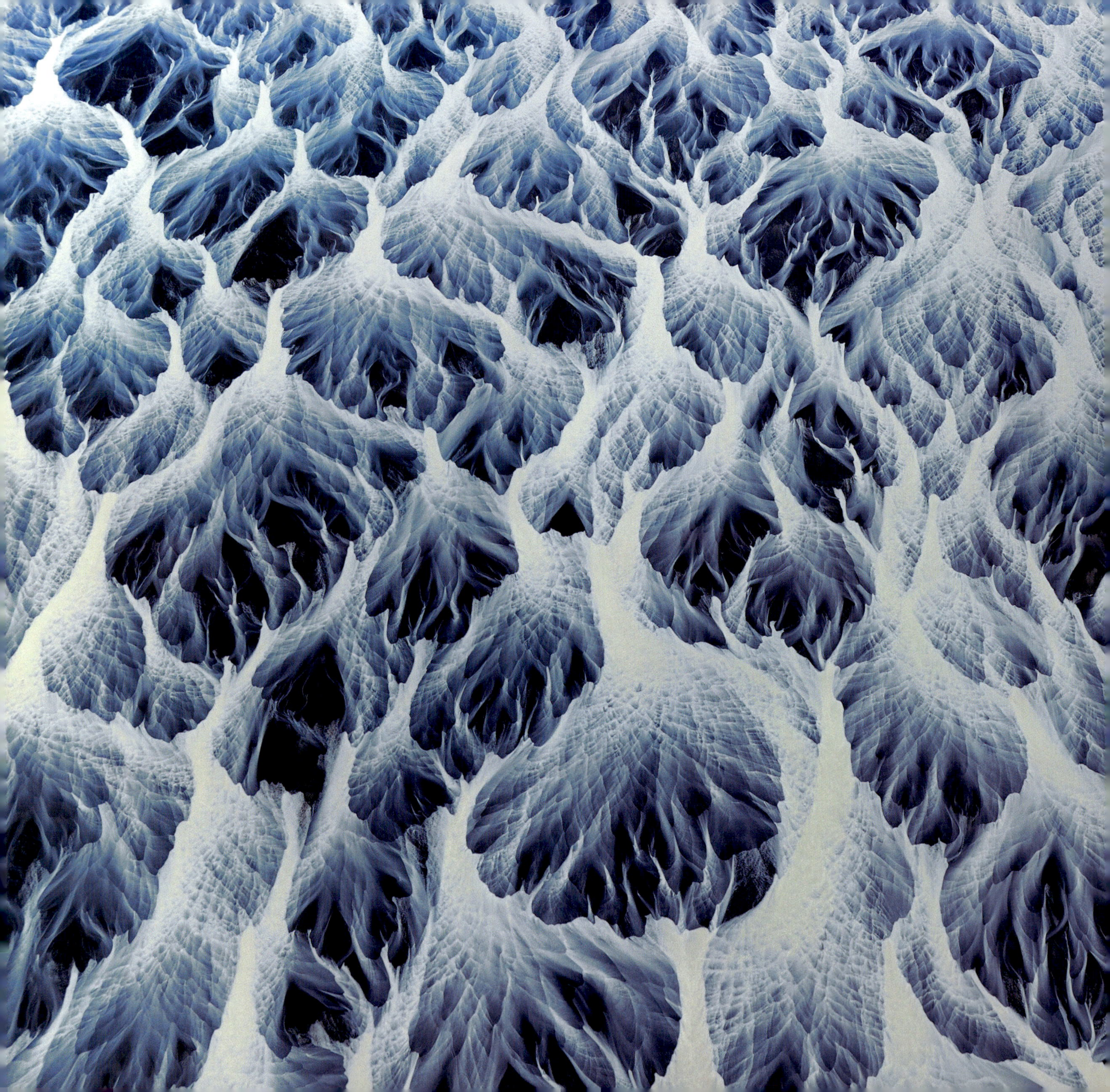

Sieger

Hans Strand – Schweden

Skeidararsandur

Skeidararsandur ist das bei weitem größte Flussdelta auf Island. Von oben betrachtet ist die 42 km breite Mündung des Flusses Skeidará ein spektakuläres Naturwunder. Millionen von Mustern bieten unendlich viele fotografische Möglichkeiten. Die Aufnahme entstand in 300 Metern Höhe von Bord einer Cessna 172.

Hasselblad H3DII-50, 2.8/80 mm, ISO 200

Atelier Natur

Den Preis für dieses Bild stiftet die **SPARKASSE LÜNEN**

2. Platz

Simone Sbaraglia – Italien

Attraversamento del fiume Mara – Crossing am Mara River

Eine Crossing am Mara River (Kenia) ist immer wieder ein beeindruckendes Naturschauspiel. Stets versuchen die Zebras und Gnus den Fluss so schnell wie möglich zu überqueren, denn die Angst, zu ertrinken oder von einem Krokodil angefallen zu werden, ist groß.

Nikon D2X, Nikon 2.8/70-200 mm, ISO 200

Den Preis für dieses Bild stiftet die **SPARKASSE LÜNEN**

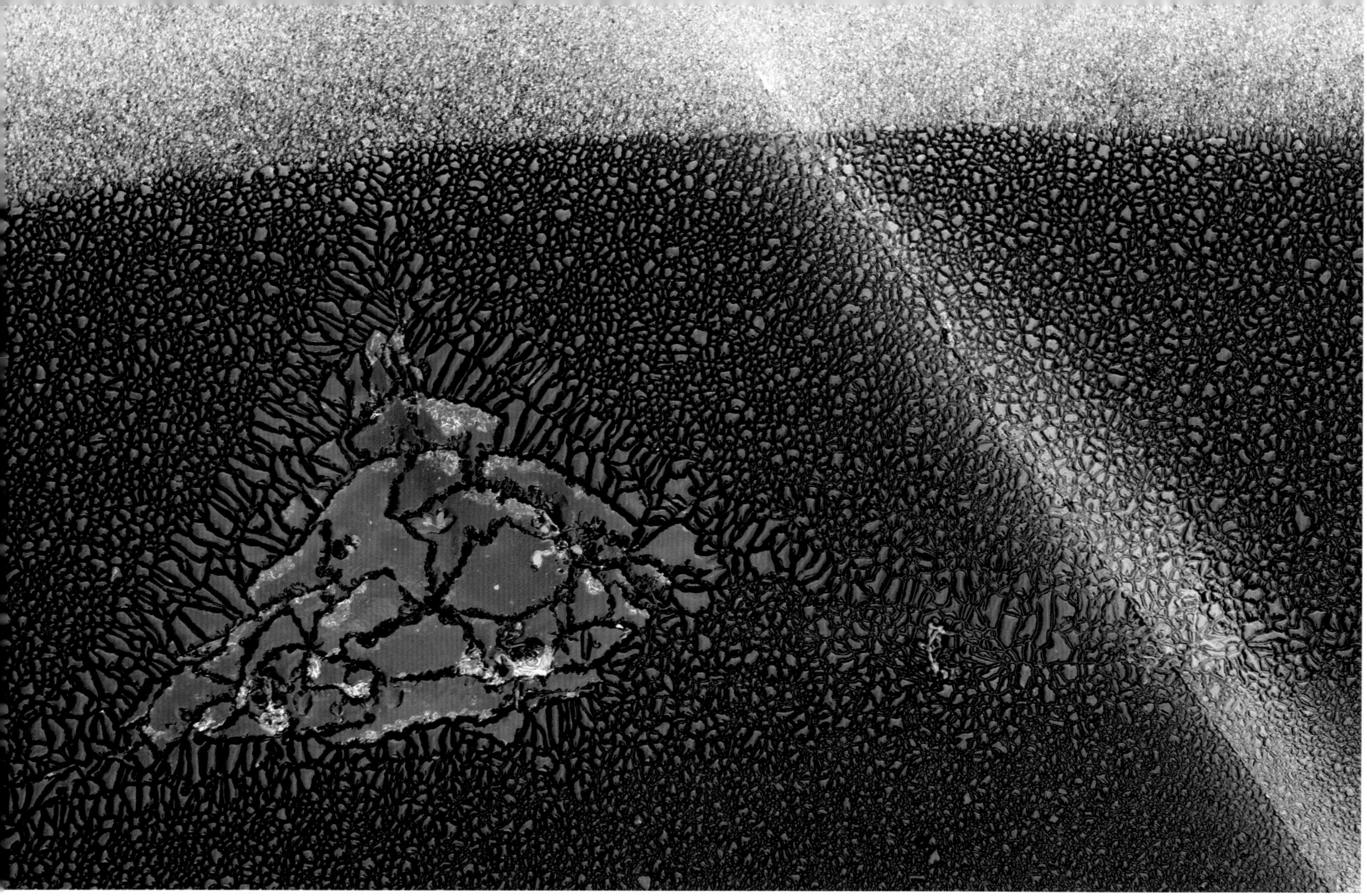

Lobende Erwähnung

Roy Mangersnes – Norwegen

Svart istriangel – Schwarzes Dreieck aus Eis

Dieses Bild entstand während eines Workshops, den ich zusammen mit einem befreundeten Fotografen leitete. Wir befanden uns auf dem Eis eines zugefrorenen Sees in Norwegen. Das Eis hatte zu schmelzen begonnen, und es waren überall faszinierende Miniatur-Landschaften entstanden. Um die Reflexe zu eliminieren, setzte ich einen Polfilter ein.

Nikon D3S, Nikon 2.8/24-70 mm, ISO 200, Stativ, Polfilter

Lobende Erwähnung

Toomas Ili – Estland

Kaklusklubi – Streithähne

Eigentlich wollte ich meinen Seeadler-Ansitz gerade verlassen, alles war bereits eingepackt, aber Kamera und Objektiv waren immer noch auf den Luderplatz gerichtet. Zum Glück, denn plötzlich landete ein Kolkrabe am Luder, unmittelbar gefolgt von einer Heringsmöwe. Sofort brach ein Kampf aus, der aber nur wenige Sekunden andauerte. Ich konnte drei brauchbare Bilder machen, eines davon ist dieses hier.

Nikon D3, Nikon 2.8/400 mm VR, 1,7x Konverter, ISO 1000, Stativ

Lobende Erwähnung

Manel Soria – Spanien

Nevando de noche – Schneesturm bei Nacht

Ich war unterwegs in Vall de Núria, in den spanischen Pyrenäen, um Landschaftsaufnahmen bei Mondschein zu machen. Aber das Wetter war ganz furchtbar, es schneite und stürmte. Also versuchte ich, das Beste aus der Situation zu machen und begann, den nächtlichen Schneesturm zu fotografieren. Mit hohen ISO-Zahlen und entfesseltem Blitzgerät ließen sich interessante Ergebnisse erzielen. Ich hatte Glück, da in dieser Nacht der Schnee vom starken Wind hangaufwärts getrieben wurde. Dadurch liegt im Bild die Schärfe am unteren Ende der jeweiligen Spur einer Schneeflocke, und es wird der Eindruck erweckt, als fielen die Flocken mit großer Geschwindigkeit, fast wie Kometen.

Nikon D300, Sigma 4.0-5.6/10-20 mm, ISO 3200, Stativ, Blitz (entfesselt)

Lobende Erwähnung

Jaroslav Nemec

Tschechische Republik

Schilfhalm mit eisigem Doppelgänger

Auf dem verschneitem See bildete sich durch strengen Winterfrost zunächst eine eisige Kruste, die sich dann durch leichte Windstöße vom Schilf löste. Es entstand ein Eisbogen, der die ursprüngliche Form des später abgeknickten Schilfhalms im Vordergrund nachbildete.

Nikon D700, Nikon 4.5-5.6/70-180 mm, ISO 200, Stativ, UV-Filter

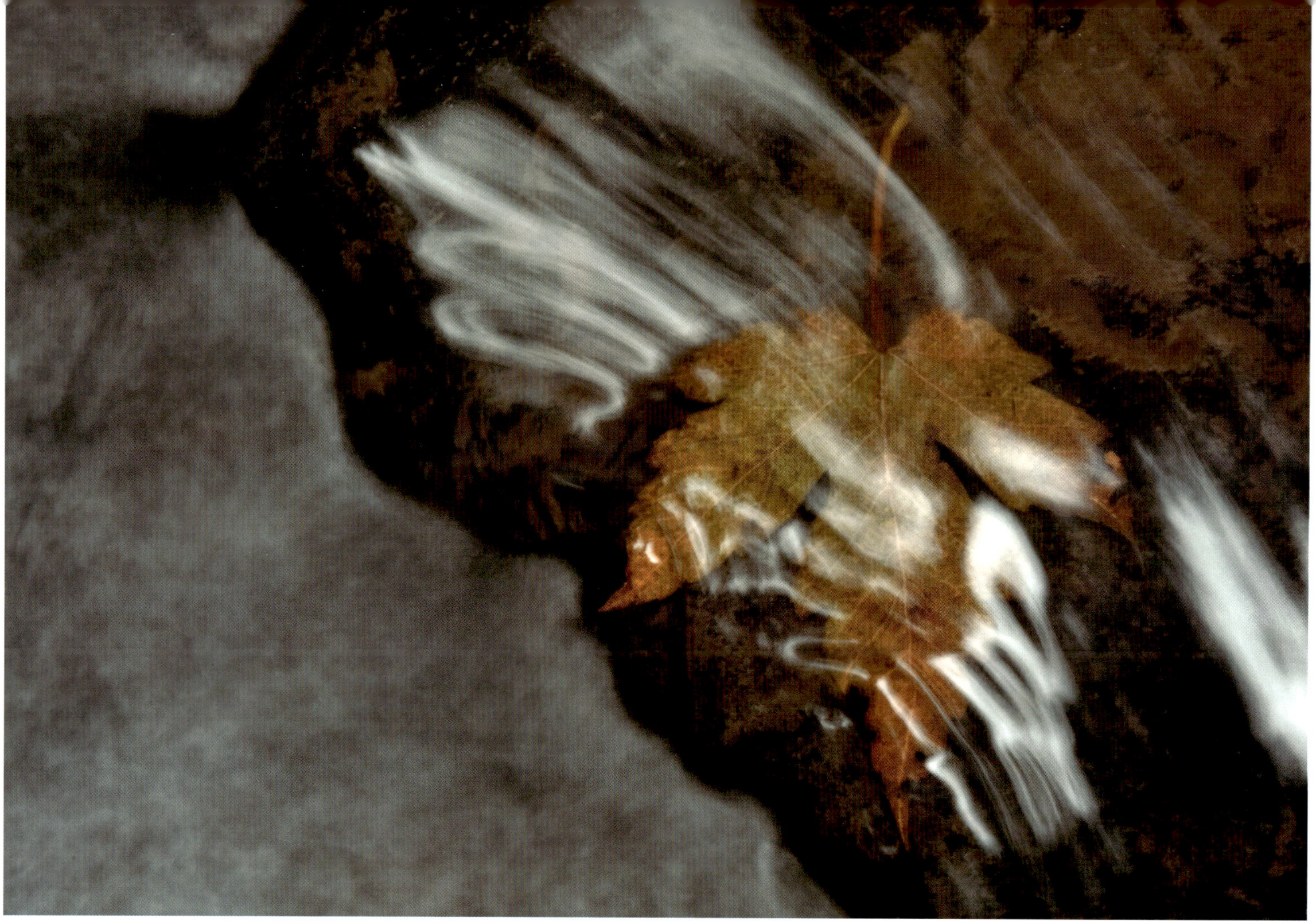

Lobende Erwähnung

István Kerekes – Ungarn

Oszi patak – Herbstblatt

Im November letzten Jahres unternahm ich eine Fotoreise nach Transsylvanien (Rumänien) in die östlichen Karparten. An einem dunklen, verregneten Tag wanderte ich am Ufer eines kleinen Baches entlang. Dort fand ich dieses Blatt. Ein schönes Motiv, mit dem ich mich längere Zeit auseinandersetzte.

Nikon D3, Nikon AF-S 3.5-5.6/16-85 mm ED VR DX, ISO 400, Stativ

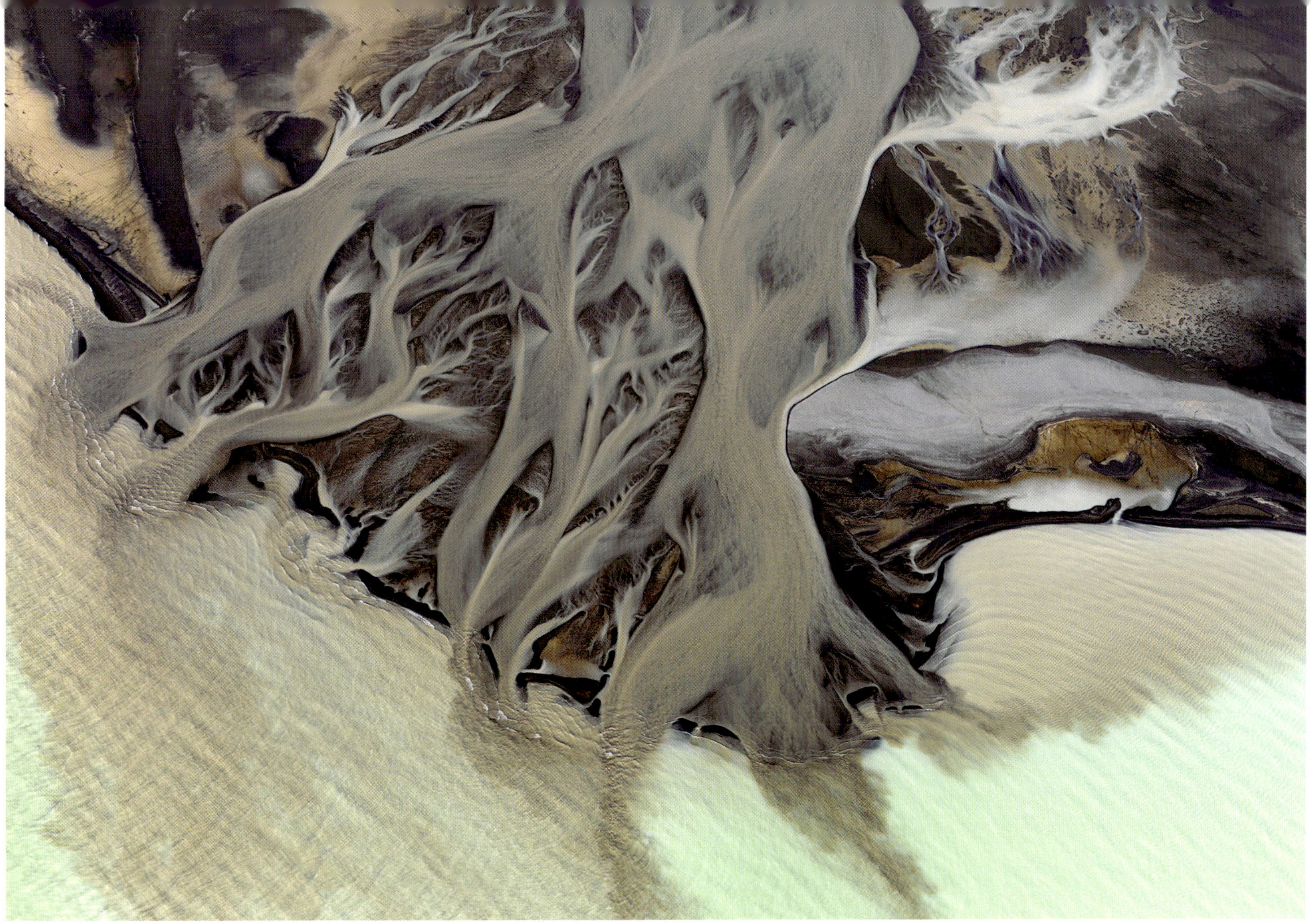

Lobende Erwähnung

Hans Strand – Schweden

Älvdelta – Flussdelta

Diese Aufnahme eines Binnendeltas auf Island entstand in 400 Metern Höhe von Bord einer Cessna 172. Starke Fallwinde von einem nahegelegenen Gletscher schüttelten das kleine Flugzeug kräftig durch, und ich hatte wirklich Schwierigkeiten, eine ordentliche Komposition vorzunehmen. Erst nachdem wir mehrere Runden über das Gebiet geflogen waren, konnte ich mit den Ergebnissen zufrieden sein. Allerdings mussten wir dann auch sofort zurück nach Reykjavik fliegen, denn mittlerweile war ich richtig seekrank geworden.

Hasselblad H3DII-50, 2.8/80 mm, ISO 200

Lobende Erwähnung

Tommy Vikars – Finnland

Tofsmes – Haubenmeise

Die Magie des Waldes – immer wieder versuche ich, sie mit meinen Bildern einzufangen, und an diesem Weihnachtstag war meine Verbindung zum Wald besonders innig. Im südfinnischen Archipel habe ich eine Futterstelle für Kleinvögel angelegt. Dort fotografierte ich und beobachtete das Kommen und Gehen der gefiederten Gäste. Um diese Bildidee umzusetzen, fotografierte ich durch eine kleine Öffnung in einem Fichtendickicht und legte das Bild als Doppelbelichtung an. Einmal löste ich aus, als die Haubenmeise zu sehen war, dann, nachdem die Meise fortgeflogen war, fotografierte ich die Öffnung und defokussierte dabei ein wenig.

Nikon D700, Nikon 2.8/300 mm,
ISO 1600, Stativ

Lobende Erwähnung

Tommy Vikars – Finnland

Själens skog – Waldvisionen

Wieder einmal arbeitete ich an meinem Projekt über die Mystik des Waldes. Die Idee für dieses Bild hatte ich schon lange im Kopf, und heute war ein guter Tag für die Umsetzung. Der Abendhimmel hatte eine wunderschöne Färbung, und mein Futterplatz für Kleinvögel war gut besucht. Um dem Bild eine geheimnisvolle Anmutung zu geben, steckte ich einige Fichtenzweige in die Sonnenblende. Nach einer halben Stunde waren mir fünf gute Bilder gelungen. Diese Aufnahme verwende ich in meinen Ausstellungen als ersten Teil eines Triptychons.

Nikon D700, Nikon 2.8/300 mm,
ISO 1250, Stativ

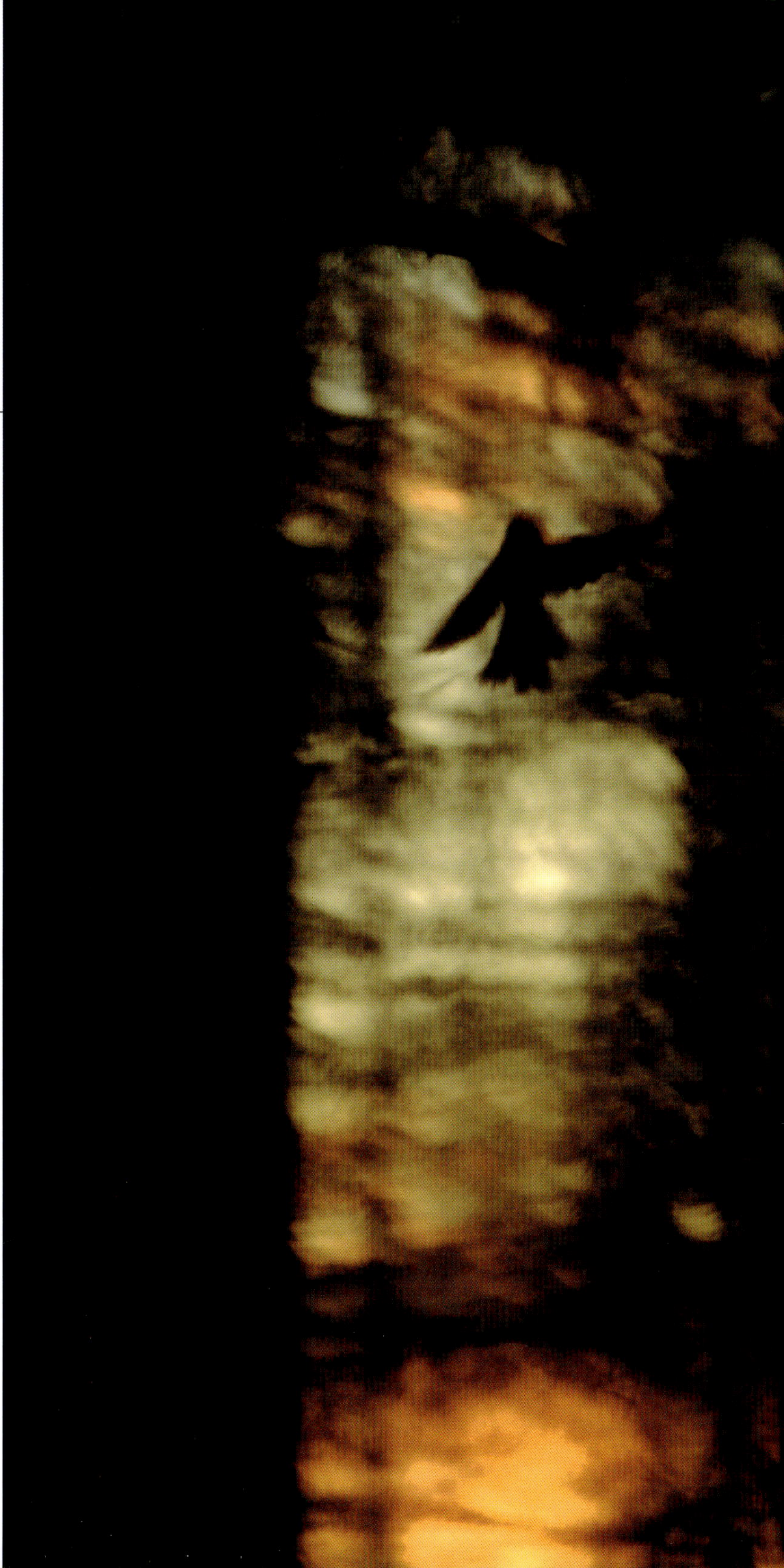

Fritz Pölking Preis 2010

Fritz Pölking, Gründungs- und Ehrenmitglied der Gesellschaft Deutscher Tierfotografen, hat wie kein Zweiter die Naturfotografie in Deutschland geprägt. Seine Arbeit ist vielfach international ausgezeichnet worden, viele seiner Bilder haben ihren Platz im kollektiven Gedächtnis gefunden. Mit zahlreichen Büchern, Vorträgen und Workshops erreichte Fritz Pölking Menschen auf der ganzen Welt, sein Werk war und ist Inspiration und Ansporn für unzählige Fotografen.

Zur Würdigung der Verdienste des Fotografen Fritz Pölking verleiht der Tecklenborg Verlag in Zusammenarbeit mit der GDT den Fritz Pölking Preis und den Fritz Pölking Nachwuchspreis.

Der Preis wird für ein herausragendes fotografisches Werk vergeben. Dies kann ein naturfotografisches Projekt oder ein Portfolio sein.

Kommentar der Jury

von Thomas Block

Die Jury:
v.l.n.r. Marc Hesse, Wettbewerbsleiter
Thomas Block, GDT
Stefanie Tecklenborg, Tecklenborg Verlag
Hubert Tecklenborg, Tecklenborg Verlag
Gisela Pölking, GDT
Dieter Damschen, GDT

Auf Einladung der Familie Tecklenborg fand sich die Jury zu einer sehr harmonischen und konstruktiven Jurierung der dritten Auflage des Fritz Pölking Preises in Steinfurt zusammen.

In der ersten Runde der Jurierung setzten sich schnell rund ein Dutzend Arbeiten qualitativ deutlich von den anderen Einreichungen ab. Auffallend war, dass sich wiederum Bildreportagen und Themenbildstrecken deutlich gegenüber reinen Portfolios durchsetzen konnten. Nachdem die Auswahl weiter auf vier Einsendungen reduziert war, fiel die Wahl des diesjährigen Preisträgers einstimmig auf Solvin Zankl und seine Reportage über Oliv-Bastardschildkröten in Costa Rica.

Die Arribada, die massenhafte Eiablage der Meeresschildkröten, und den anschließenden Überlebenskampf der frisch geschlüpften Jungtiere stellt Solvin Zankl in einer beeindruckenden Bildstrecke dar. Jedes Einzelbild für sich betrachtet, erzählt eine kleine Geschichte im Rahmen dieses Naturschauspiels und wird Teil einer sorgfältig reduzierten Bildauswahl, die zusammen eine große Geschichte erzählt, ohne dass es zwingend eines ergänzenden Textes bedurfte. Der Preisträger hat verschiedene kreative fotografische Techniken eingesetzt, um das Geschehen in ausdrucksstarken Bildern festzuhalten.

Die Jury war wie auch im Vorjahr begeistert von der außerordentlich hohen Qualität vieler der zum Fritz Pölking Nachwuchspreis eingereichten Arbeiten. Aufgrund dieser hohen Leistungsdichte bei den besten Einsendungen und des Fördergedankens des Nachwuchspreises werden seit dem vergangenen Jahr auch die zweiten und dritten Plätze prämiert. Die Auswahl der Sieger gestaltete sich nicht einfach, zumal wir uns bei den Einsendungen immer wieder das Alter des jeweiligen Einsenders vergegenwärtigten. Den dritten Platz errang der 16jährige Sam Cairns aus Schottland mit einer Bildstrecke über Eisbären im klassischen Reportagestil. Platz Zwei ging an das hochwertige Portfolio von Radomir Jakubowski (23 Jahre, Deutschland).

Sieger des diesjährigen Nachwuchspreises wurde Michal Budzynski. Die Jury entschied sich für den 18jährigen Polen aufgrund der hohen Kreativität seines Portfolios. Michals Bilder zeigen zumeist ganz alltägliche Objekte in der Natur. Mit einem großen Gespür für Licht, Bildgestaltung und Reduktion gelingt es ihm, diese in Szene zu setzen. Man sieht diesem Portfolio an, dass der Fotograf auf der Suche nach dem besonderen Licht und ungewöhnlichen Blickwinkeln ist.

Gewinner des Fritz Pölking Preises 2010

www.solvinzankl.com

Solvin Zankl, GDT – Deutschland

Solvin Zankl, geboren 1971, ist studierter Biologe und seit 1998 hauptberuflich als Naturfotograf tätig. In seine Fotoreportagen lässt er seinen wissenschaftlichen Hintergrund und seinen Sinn für Ästhetik einfließen. Seine Arbeiten sind international mehrfach ausgezeichnet worden, beim „deutschen preis für wissenschaftsfotografie 2008" erhielt seine Reportage über die Artenvielfalt den 1. Preis. Seine Fotografien erscheinen weltweit regelmäßig in führenden Zeitschriften und Magazinen, wie Geo, National Geographic Magazine, Natural History Magazine und BBC Wildlife. Es ist typisch für Solvin Zankl, dass er sich für die Dokumentation von Tieren und Natur viel Zeit vor Ort nimmt, um das Verhalten der Tiere verstehen zu lernen und die Umgebung auf sich wirken zu lassen. Er verbrachte Monate zwischen Pinguinen auf den subantarktischen Inseln oder unter dem Regenwalddach am Amazonas. Die Arbeiten von Solvin Zankl werden geschätzt, da er es schafft, seinen Motiven durch ausdrucksstarke Perspektiven auch eine emotionale Ebene zu geben, die dem Betrachter das Gefühl eines Erlebnisses vermittelt.

Den Fritz Pölking Preis stiftet

Tecklenborg Verlag

Gewinner des Fritz Pölking Nachwuchspreises 2010

Michal Budzynski – Polen

„Mit jedem Tag fesselt mich Fotografie mehr. Von Anfang an habe ich versucht, mein Können zu optimieren, mir neue Sichtweisen anzueignen und die Schönheiten der Natur nicht bloß zu dokumentieren, sondern meinen Bildern eine eigene Handschrift zu geben. Und deshalb gehe ich gerade dann hinaus, wenn es stürmt, regnet oder schneit. Und egal, ob meine Finger so kalt sind, dass ich sie fast nicht mehr bewegen kann, egal, ob meine Füße in einem eiskalten Bergbach irgendwo im Nirgendwo langsam abfrieren: Ich harre aus und warte auf diesen einen ersten Sonnenstrahl, auf diesen einen, einzigartigen Moment!"

Seit frühester Jugend ist Michal Budzynski begeistert von der Naturfotografie. Schon früh stellte er seine Bilder im Internet vor und besuchte zahlreiche Diskussionsforen, um seinen Kenntnisstand zu erweitern. Nachdem er einige Mitglieder der polnischen Naturfotografenvereinigung kennengelernt hatte, wurde er selbst Mitglied dieser Organisation. Zeitgleich nahm er an Foto-Exkursionen teil und besuchte Veranstaltungen zum Thema Naturfotografie, die zumeist in den zahlreichen polnischen Nationalparks stattfanden. Mit der Zeit stellten sich erste Erfolge ein, und seine Bilder wurden in internationalen Wettbewerben ausgezeichnet, unter anderem mehrfach beim „Wildlife Photographer of the Year". Zurzeit präsentiert er seine Fotografien auch in Ausstellungen, die im Rahmen der Aktivitäten des polnischen Naturfotografenverbandes und der polnischen Gesellschaft für Naturschutz organisiert werden.

Fragt man ihn, warum er die Fotografie als künstlerische Ausdrucksform gewählt hat, so lautet die Antwort: „Tatsächlich lassen sich dafür viele Gründe anführen. Ein großer Vorteil der Fotografie liegt darin, dass man mit ganz unterschiedlichen Techniken seine eigene Idee eines Motivs kreieren kann. Einem scheinbar uninteressanten Motiv lassen sich völlig neue, überraschende Seiten abgewinnen. So schafft man neue Welten, die den Betrachter zu fesseln vermögen, und seinen Blick auf kleine, unscheinbare Dinge lenken, die in unserer Zeit der Schnelllebigkeit oft übersehen werden. Sie werden es sicherlich schon einmal gehört haben: Ein Bild sagt mehr als tausend Worte. Und oft genug stimmt das!"

www.michalbudzynski.com

Den Fritz Pölking Nachwuchspreis stiftet

Fritz Pölking Preis 2010

Solvin Zankl, GDT – Deutschland

Das große Comeback
Nistende Meeresschildkröten in Costa Rica

Meeresschildkröten spielen im Leben von Solvin Zankl eine wichtige Rolle. Mit 16 Jahren machte er sein erstes Praktikum im Meeresschildkrötenschutz auf Buck Island Reef National Monument in der Inselgruppe der Amerikanischen Jungferninseln. In den folgenden acht Jahren arbeitete er jede Saison vor Ort. Nächtliche Strandpatrouillen, Beobachtung der eierlegenden Weibchen, Markieren von Schildkröten, Umsiedlung von Schildkrötennestern und die Fotodokumentation gehörten zu seinen Aufgaben. Auch während seines Biologiestudiums führte es ihn immer wieder an den Strand zurück. Die quasi nebenbei entstandenen Fotos von Meeresschildkröten wurden erfolgreich in der Öffentlichkeitsarbeit verwendet. Dies ermutigte Solvin in den folgenden Jahren, sich der Fotografie mehr zu widmen und sie letztlich zu seinem Beruf zu machen.

Aber als professioneller Tierfotograf brauchte es über zehn Jahre Abstinenz, um mit neuen Augen und Ideen an einen der beeindruckendsten Meeresschildkröten-Strände der Welt zurückzukehren. Es ist der Strand von Ostional in Costa Rica. Hier kommen das ganze Jahr über Schildkröten zur Eiablage, selbst außerhalb der üblichen Saison zumindest eine pro Nacht. Drei verschiedene Meeresschildkröten-Arten legen hier ihre Eier ab, und es ist einer von nur vier Stränden weltweit, an denen die Meeresschildkröten an manchen Tagen zu mehreren 10 000 Tieren in Massen ihre Eier ablegen, in einer sogenannten Arribada. Aber dies ist auch der einzige Strand auf der Welt, an dem es den Einheimischen tatsächlich erlaubt ist, Meeresschildkröteneier für den Verzehr zu sammeln. Drei Wochen lang steht Solvin täglich um 3 Uhr morgens am Strand mit einsatzbereiter Fotoausrüstung sowohl für unter Wasser als auch für Aufnahmen an Land. Als er im Morgengrauen die ersten 50 Schildkrötenköpfe an der Wasseroberfläche entdeckt, ist die Freude groß. Minuten später sind die ersten Oliv-Bastardschildkröten an Land, gefolgt von 100 weiteren, gefolgt von 1000 weiteren, gefolgt von … er kann sie nicht mehr zählen. Wie auf einem Ameisenhügel ist es ein ständiges Kommen und Gehen. In den folgenden Tagen ist Solvin Zankl nicht mehr alleine am Strand mit den Tieren. Schnell hat sich das Ereignis herumgesprochen, und zu den tausenden von Schildkröten gesellen sich hunderte von Einheimischen, die über die kommenden 36 Stunden Eier dieser Arribada ernten werden, und tausende von Touristen, die mit Bussen zu diesem Spektakel gebracht werden. Aber trotz allem, 50 Tage später werden aus vielen der gelegten Eier Jungtiere schlüpfen und den gefährlichen Start in ein neues Meeresschildkrötenleben antreten.

Leben und Sterben nah beieinander

Die Rabengeier sind gesellige Aasfresser und Raubvögel. In großen Gruppen sind sie am Strand von Ostional an der Pazifikküste Costa Ricas unterwegs. Dort lauern sie auf schlüpfende Meeresschildkröten oder machen sich bei Gelegenheit über ein halb verwestes, angespültes Tier her. In weniger als einer halben Stunde wurde diese Oliv-Bastardschildkröte von den kräftigen Vögeln komplett skelettiert.

Unterwasserflug
der Meeresschildkröte

Oliv-Bastardschildkröten sind wie alle Meeresschildkrötenarten perfekt an das Leben im Ozean angepasst. Mithilfe der großen Vorderflossen „fliegen" diese Tiere durch das Wasser und können dann mit Leichtigkeit jeden Taucher hinter sich lassen. Einst an Land geschlüpft und sofort in das Meer gekrabbelt, bleiben Meeresschildkröten für immer in ihrem nassen Element – bis auf die kurzen Momente der Eiablage, auf die sich dieses erwachsene Weibchen im küstennahen Pazifik gerade vorbereitet.

Sie kommen!

Zu den Besonderheiten der Oliv-Bastardschildkröten gehört ihre Eigenart, in unvorstellbar großen Gruppen zu nisten. Wenn eine so genannte „Arribada“ (spanisch für „Ankunft von See“) der Oliv-Bastardschildkröten in vollem Gange ist, kommen etwa sieben Nächte in Folge insgesamt bis zu mehrere Hunderttausend Weibchen zur Eiablage an den Strand von Ostional. Das Spektakel setzt sich bis in die Morgenstunden fort und kann sich in Abständen von ca. 28 Tagen, also einem Mond-Monat, im Zeitraum von April bis Dezember wiederholen. Allerdings gibt es durchaus auch ausfallende Arribadas, Unregelmäßigkeiten oder Verschiebungen von einem Niststrand zu einem anderen über die Jahre und Jahrzehnte.

Mission Fortpflanzung

Innerhalb der Woche einer Arribada verwandelt sich der Strand von einer normalen Sandfläche in ein Gelände, das wie von Traktorspuren zerfurcht aussieht. Zum Schluss werden überall verstreut auf der Oberfläche Meeresschildkröteneier und deren Schalen zu sehen sein, denn die später nistenden Weibchen zerstören beim Graben ihrer eigenen Nester oft die Gelege ihrer Vorgängerinnen. Diese Verluste sind aber mit einkalkuliert bei der Strategie des Massen-Nistens, das nur von der Oliv-Bastardschildkröte und ihrer Atlantischen Schwesternart, der Atlantik-Bastardschildkröte durchgeführt wird. Der Vorteil, dass Fraßfeinde der Eier und Jungtiere durch das extreme Überangebot abgespeist werden, überwiegt unter natürlichen Bedingungen den Nachteil des Platzmangels.

Der Landgang

Am Strand von Ostional kommen das gesamte Jahr über einzelne Meeresschildkröten unterschiedlicher Arten zur Eiablage an Land. In den Monaten April bis Dezember kann aber die Ankunft einer Oliv-Bastardschildkröte im frühen Morgengrauen der Beginn einer monatlich sich wiederholenden Massen-Eiablage von Hunderttausenden Weibchen dieser Art sein. Die unter Wasser so eleganten, fast schwerelosen Schwimmer haben an Land sichtlich Mühe, sich voran zu schleppen. Beim Hinaufkriechen prüft die Schildkröte immer wieder den Sand mit der Schnabelspitze. Nur im trockenen, warmen Sand oberhalb der höchsten Hochwasserlinie werden ihre Eier eine Überlebenschance haben.

Urzeitlicher Strandbesucher

Diese Oliv-Bastardschildkröte ist in den sonnigen Morgenstunden an den Strand gekrochen, um ihre Eier abzulegen. Während andere Meeresschildkrötenarten ausschließlich während der Nacht an Land kommen, ist diese recht kleine Art dafür bekannt, auch im Hellen zu nisten. Durch ihre geringere Körpermasse und den kräftigen Wind läuft sie nicht so schnell Gefahr, an Überhitzung zu sterben.

Eier am laufenden Band

Hat eine Oliv-Bastardschildkröte einen geeigneten Platz gefunden, gräbt sie mit ihren Hinterflossen ein dreißig bis fünfzig Zentimeter tiefes Loch. Etwa hundert weichschalige Eier werden in das Nest gelegt, das anschließend sorgfältig verschlossen wird. Als weltweit einzigem Ort ist es dabei in Ostional den Einheimischen erlaubt, die Nester der Meeresschildkröten zu Beginn einer Arribada aufzugraben und die Eier für den Verkauf und den eigenen Verzehr zu entnehmen. Dieses unter Auflagen legalisierte Eiersammeln soll unkontrollierten Eierraub verhindern. Ein Nebeneffekt ist die Möglichkeit, unmittelbar vor dem Einsammeln des Geleges die fallenden Eier am geöffneten Nest zu fotografieren, was ansonsten selbstverständlich strikt verboten ist.

Regen im Schlaraffenland

Zwei Rabengeier, links ein Jungtier mit schwarzem Kopf, rechts ein Alttier mit der typisch grauen, runzeligen Haut, lassen sich durch einen Regenschauer nicht von ihrem Aussichtspunkt am Strand von Ostional vertreiben. Sobald wieder junge Meeresschildkröten auf der Sandoberfläche erscheinen, werden sie ihre nächste Mahlzeit einnehmen.

Leichte Beute

Die weitaus meisten Oliv-Bastardschildkröten schlüpfen im Schutz der Nacht. Ein Teil derer, die bei Tageslicht noch auf dem Sand unterwegs sind, fällt den Rabengeiern zum Opfer. Da der Schlund der Geier für den Panzer ihrer Beute zu eng ist, müssen sie versuchen, die Schildkröten mit ihren Krallen festzuhalten und mit dem Schnabel zu zerreißen. Oft fressen sie dabei nur den Kopf oder einzelne Flossen, bevor sie ein paar Schritte weiter ihr nächstes Opfer aufpicken.

Glück im Unglück

Diese beiden schlüpfenden Oliv-Bastardschildkröten sollten eigentlich noch vierzig Zentimeter unter der Sandoberfläche inmitten ihrer Geschwister in Sicherheit sein. Stattdessen wurden sie von streunenden Haushunden ausgegraben, die ein Nest in dieser Phase wohl am Geruch erkennen. Offenbar ist für einen Hund eine fertige junge Schildkröte ein attraktiverer Leckerbissen als ein frisches oder angebrütetes Schildkrötenei. Aber auch ein Hund ist irgendwann satt. Von ihm achtlos liegengelassen, müssen sich die zwei Jungtiere als nächstes vor den Rabengeiern hüten.

Frische Luft

Eine junge Oliv-Bastardschildkröte erblickt als Erste ihres Nestes das Tageslicht. Äußerlich kann man nicht erkennen, ob es sich um ein Männchen handelt, das gleich für den Rest seines Lebens ins Meer krabbeln wird, oder ob es ein Weibchen ist, das in vielen Jahren zur Eiablage an denselben Strand kommen wird. Wie bei vielen Reptilien entscheidet die Bruttemperatur während der Entwicklung darüber, ob ein Männchen oder ein Weibchen heranwächst. Das Geschlechterverhältnis in einer Schildkrötenpopulation wird daher von der Temperaturverteilung innerhalb eines Nestes und durch die Unterschiede zwischen den verschiedenen Gelegen gebildet.

Die perfekte Welle

Die junge Oliv-Bastardschildkröte hat es trotz der lauerndn Geier, Waldstörche, Hunde und Krabben bis zum Spülsaum geschafft. Doch auch im Wasser lauern Gefahren: Raubfische von unten und Fregattvögel von oben. Man schätzt, dass nur eine von tausend jungen Meeresschildkröten das Erwachsenenalter erreicht.

Run, Baby, run!

Nach einer Brutdauer von knapp zwei Monaten im warmen Sand schlüpfen die jungen Schildkröten eines Geleges fast gleichzeitig. Eine gemeinsame Kraftanstrengung ist nötig, um den mehrtägigen Aufstieg durch die mindestens dreißig Zentimeter dicke Sandschicht über ihnen zu meistern. Einmal an der Oberfläche angekommen, machen sie sich unverzüglich auf den gefährlichen Weg zum Wasser – die große Gruppe erhöht dabei die Chancen des Einzelnen. Die Helligkeit des Horizonts über dem Meer gibt zuverlässig die Richtung an, falls nicht menschliche Lichter auf der Landseite das uralte Orientierungssystem durcheinander bringen.

In ihrem Element

Sobald sie nicht mehr den festen Sand unter den Flossen spüren, schalten die kleinen Meeresschildkröten vom Krabbeln auf die synchronen „Flügelschläge" ihrer aquatischen Fortbewegungsweise um. Sehr energisch und unerwartet schnell durchqueren sie die Brandungszone. Dabei schwimmen sie meist unter der Wasseroberfläche und tauchen nur ab und zu mit weit hochgerecktem Kopf zum Atmen auf.

Viel Glück

Ihre Kraftreserven aus dem manchmal noch sichtbaren Dotterrest werden den jungen Meeresschildkröten nun helfen, einen ganzen Tag lang fast ununterbrochen zu schwimmen. Als Orientierungshilfe dient dabei die Wellenrichtung, gegen die sich die kräftigen Winzlinge stemmen, um die Küste hinter sich zu lassen. Für männliche Tiere ist es ein Abschied für immer, die Weibchen werden mit viel Glück nach fünfzehn bis dreißig Jahren mit etwa hundert befruchteten Eiern im Bauch wieder an diese Stelle zurückkehren.

Fritz Pölking Nachwuchspreis 2010

Michal Budzynski – Polen

The Art of Light

Die Bilder dieses Portfolios zeigen die ganz spezielle Sichtweise des jungen polnischen Fotografen Michal Budzynski, der erst vor vier Jahren mit der Fotografie begonnen hat. Mit seinen Aufnahmen möchte Michal die Schönheit seines Heimatlandes Polen zeigen, wobei er nicht nur ungewöhnliche Motive, sondern eben gerade auch vermeintlich alltägliche Situationen mit dem ihm eigenen fotografischen Stil darstellen will. Oft sind es Motive aus der unmittelbaren Umgebung seines Wohnortes. Muster in der Natur faszinieren ihn ebenso wie besondere Lichtsituationen oder die monochrome Stimmung der schneebedeckten Winterlandschaft. Als wichtigste Komponenten seiner Fotografie nennt er Komposition und den gezielten Umgang mit Licht, wobei er großen Wert darauf legt, auch bekannten Motive durch innovative Sichtweisen und Techniken einen neuen Reiz zu geben. Michal ist begeisterter Anhänger der digitalen Fotografie, lehnt aber nachträgliche Manipulationen ab, die zu einem verfälschten Bild der Wirklichkeit führen könnten.

Letzter Atemzug des Herbstes

Zusammen mit einem Freund fuhr ich für eine Woche in die Pieniny-Berge in Südpolen. Während der ersten Tage unseres Besuches waren wir noch durch leuchtend verfärbte Wälder gewandert, doch dann hatte sich das Wetter über Nacht komplett verändert, und die Landschaft war tief verschneit. Daraus ergaben sich fantastische Fotomöglichkeiten, und wir waren stundenlang unterwegs. Leider neigte sich unser Besuch bereits seinem Ende, und wir mussten nach Hause fahren. Auf der Rückfahrt sahen wir dann diese atemberaubend schöne Situation. Es war gar nicht so einfach, eine gute Komposition zu machen, aber durch den Einsatz eines Teleobjektivs gelang es mir, die herbstlich verfärbten Bäume hervorzuheben.

Majestätische Bergwelt

Im Frühjahr 2008 besuchte ich die Hohe Tatra. Leider war es die ganze Zeit über stark bewölkt. Trotzdem stand ich jeden Morgen vor Sonnenaufgang auf, in der Hoffnung, dass ein paar Strahlen ihren Weg durch die dicken Wolken finden würden. Und an diesem Morgen hatte ich Glück! Nur wenige Minuten später hatte sich die Wolkenlücke geschlossen, und es war wieder dunkel und grau.

Leuchtender Wald

Auch dieses Bild entstand an einem eiskalten Morgen in den tief verschneiten Beskiden. Trotz der Kälte versuchte ich, mich auf potentielle Motive zu konzentrieren. Als ich dieses verschneite Waldstück sah, war ich augenblicklich begeistert von der Mischung aus Licht und Schatten, diesem Kontrast von Kälte und Wärme. Das fertige Bild erinnerte mich im Nachhinein an einen glühenden Ofen, und fast konnte ich vergessen, wie sehr ich gefroren hatte.

Lichtstrahl

Wieder einmal war ich in den Beskiden unterwegs, um die Winterlandschaft zu fotografieren. Dieses Bild entstand an einem kalten, aber sonnigen Morgen bei minus 15°C. Ich zitterte vor Kälte, da ich schon einige Stunden unterwegs gewesen war. Da fiel mir dieser goldene Lichtstrahl auf. Eine einfache Komposition mit nur wenigen Elementen wurde dieser Situation am ehesten gerecht.

Schneeglühen

Winterlandschaften haben mich schon immer begeistert, und an diesem Tag wollte ich einfach nur einmal den Schnee fotografieren. Klingt einfach, war es aber nicht. Ich machte viele Aufnahmen, fokussierte hin und her, aber nur dieses Bild gefiel mir am Ende recht gut.

Eis-Sprung

Diese Aufnahme entstand im Tal des Wapienica-Flusses, in den südpolnischen Beskiden. Ich arbeitete gerade an einem Projekt, das sich mit den Naturschönheiten meiner näheren Umgebung befasst, daher war mir diese Landschaft sehr vertraut. Während sich die meisten meiner Bilder durch Licht und Farbigkeit auszeichnen, ist dieses eher düster und monochrom. Es war ein trüber Wintertag, als ich diesen Sprung im Eis entdeckte, der direkt zu einem einsamen Baum führte. Durch bewusste Überbelichtung und den ungewöhnlichen Anschnitt gelang mir dieses Foto, das mich sehr an eine Kohleskizze erinnert.

Wind

Dieses Mal versuchte ich mich am Phänomen „Wind“, eine Sache, die man nicht sehen kann, die aber doch zweifelsohne existiert. Um die fliegenden Sandkörner auf dieser Düne im Gegenlicht fotografieren zu können, musste ich mich mitten in den „Mini-Sandsturm“ legen. Unangenehm für mich, aber noch mehr Sorgen mache ich mir um mein Equipment. Zum Glück nahm es keinen Schaden. Im Nachhinein erfuhr ich, dass es der windigste Tag des Sommers gewesen war.

Ozean aus Sand

Eines meiner Lieblingsthemen in der Naturfotografie sind Muster. Dieses Wellenmuster aus Sand entdeckte ich auf einer 40 Meter hohen Düne im Slowinski-Nationalpark in Nordpolen. Die tiefstehende Sonne hob die Sandrippeln sehr plastisch hervor, doch musste ich mich beeilen, damit die Schatten in diesem Motiv nicht überhandnahmen. Ich machte einige Aufnahmen ohne Vegetation, beschloss dann aber, die Halme des Strandhafers in die Komposition einzubeziehen, da mir der Kontrast zwischen dem goldenen Sand und den grünen Halmen gut gefiel.

Traumwelt

Nach einem starken Regenschauer verließ ich noch einmal das Haus, um nach Motiven für Makrofotografie zu suchen. Die blitzenden Tropfen auf einem Moospolster erregten meine Aufmerksamkeit, und ich wusste, dass ich mein Motiv für diesen Tag gefunden hatte.

Spiegel

Schon immer wollte ich Wassertropfen mit interessanten Spiegelungen aufnehmen. Als ich an diesem Sommermorgen auf der Suche nach Makromotiven über eine Wiese kroch, wurde mein Wunsch erfüllt, denn die Pflanzen waren bedeckt mit dicken Tautropfen. Trotzdem war es nicht leicht, eine wirklich gute Szene zu finden. Und obwohl ich mehrere Stunden auf der Wiese verbrachte, gelang mir nur dieses eine Bild.

Der Eine

Jedes Jahr im April sind die Bergwiesen der Tatra überzogen mit einem Meer aus violetten Krokussen. Ein herrlicher Anblick, der aber sehr schwer zu fotografieren ist. Erst als ich es mit dem großen Teleobjektiv versuchte, gelang es mir, eine Blüte zu isolieren, die in einem Meer aus Farbe zu schweben schien. Mir gefällt der Pastellton der Blüten sehr gut, und ich mag den Schattenwurf der Staubblätter.

Im Abendlicht

Im Spätsommer blüht die Besenheide im Slowinski-Nationalpark in Nordpolen. Ich verbrachte einen herrlichen Nachmittag in der Heide: Im Hintergrund hörte ich das Donnern der Wellen am Strand, Mücken und Bienen summten überall, und ich war ganz allein inmitten schönster Motive. Wie so oft, versuche ich auch hier, dem Bild eine eher künstlerische Anmutung zu geben, mit unscharfem Vorder- und Hintergrund und einer schönen Lichtstimmung. Je tiefer die Sonne stand, desto schöner wurde das Motiv. Diese Aufnahme entstand in der letzten Minute, bevor die Sonne hinter einem Hügel verschwand und alles in blauem Schatten lag.

Schönheit im Gegenlicht

Es war ein heißer Sommer, und regelmäßig gab es Gewitter. Aber danach klarte der Himmel schnell wieder auf, und ich zog los, auf der Suche nach geeigneten Motiven. Während ich über eine Wiese wanderte, fiel mir dieser Fingerhut auf. Die behaarte Pflanze schien im Gegenlicht zu glühen, und ich versuchte, die Komposition mit dem Teleobjektiv so zu verdichten, dass dieser Effekt möglichst deutlich zum Vorschein kam, ohne dass andere regennasse Pflanzen vom Hauptmotiv ablenkten.

Wer ist die GDT?

Nahezu jedes europäische Land hat eine Vereinigung für Naturfotografie. In Deutschland ist dies seit 1971 die GDT, die „Gesellschaft Deutscher Tierfotografen". Dieser europaweit größte gemeinnützige Verein mit fast 1.000 Profi- und Hobby-Naturfotografen aus Deutschland, Europa und Übersee steht international für anspruchsvolle Tier- und Naturfotografie. Zahlreiche Förderer aus der Fotoszene, darunter namhafte Kamerahersteller und Spezialanbieter in der Naturfotografie, Verlage und Agenturen unterstützen die Ziele und die Arbeit der GDT durch Ihre Mitgliedschaft.

Die 14 Regionalgruppen der GDT treffen sich mehrmals im Jahr zu Diavorträgen, Seminaren, Austausch von Tipps und Erfahrungen und zu persönlichen Gesprächen mit Gleichgesinnten. Gäste sind herzlich willkommen!

Was will die GDT?

Die GDT bietet deutschen und internationalen Tier- und Naturfotografen ein vielfältig nutzbares Forum. Mit authentischen und ästhetisch ansprechenden Bildern möchte die Gesellschaft ein besseres Verständnis für die Natur wecken und so für die Belange des Naturschutzes eintreten. Ausstellungen im In- und Ausland, das jährlich stattfindende internationale Naturfoto-Festival mit Gästen und Fotografen aus der ganzen Welt, der renommierte Wettbewerb „Europäischer Naturfotograf des Jahres", Seminare, Buch- und Kalenderprojekte sowie das eigene Magazin „Forum Naturfotografie" transportieren das Anliegen der Gesellschaft und dokumentieren das hohe Niveau der deutschen und europäischen Naturfotografie. Die GDT wird u.a. unterstützt durch das Bundesamt für Naturschutz, das für Wettbewerbe, Aktionen und Ausstellungen die Schirmherrschaft übernimmt.

Mitglieder und Mitgliedschaft

GDT-Mitglied werden kann jeder in Form einer Fördermitgliedschaft. Wer Vollmitglied werden möchte, muss sich mit 20 Tier- und Naturbildern bewerben. Bewertungskriterien sind neben dem Motiv vor allem die Bildgestaltung und die fotografische Leistung. Dass die Authentizität dabei im Vordergrund steht und manipulierte Dokumente keine Chance haben, versteht sich für uns von selbst. Die Achtung vor der Natur ist für GDT-Mitglieder oberstes Gebot bei ihrer fotografischen Arbeit.

Hobby- und Profifotografen aus Deutschland sind in der GDT ebenso vertreten wie Fotografen aus dem restlichen Europa und Übersee. Auf unserer Mitgliederliste finden sich international bekannte Namen wie Frans Lanting, Klaus Nigge, Norbert Rosing, Ingo Arndt, Winfried Wisniewski, Dietmar Nill und viele andere.

Weitere Informationen zur Mitgliedschaft in der GDT erhalten Sie bei der GDT-Geschäftsstelle.

Geschäftsstelle
Karen Korte
Körnerstr. 4
24103 Kiel
fon: 0431 – 90 66 364
gdt.gs@t-online.de

Präsident
Martin Eisenhawer
Mühlestr. 11
3053 Mühlenbuchsee, Schweiz
fon: 0041 – 31862 – 1120
Martin.Eisenhawer@gmx.ch

Schatzmeister
Thomas Block
Vordersten Büchel 41
51503 Rösrath
fon: 02205 – 92 52 0
BlockThomas@web.de

Mitglied des Vorstandes
Eberhard Giese
Addinggaster Weg 30
26506 Norden
Fon: 04931 – 4453
gdt@wild-und-bunt.de

Vizepräsidentin
Sandra Bartocha
Kiefernring 72
14478 Potsdam
fon: 0331 – 81 72 87 5
gdt@bartocha-photography.com

Vizepräsident
Michael Lohmann
Kolpingstr. 33
48565 Steinfurt
fon: 02552 – 97 77 7
kontakt@michael-lohmann.de

Mitglied des Vorstandes
Ariane Müller
Hauptstraße 168
55246 Kostheim
fon: 06134 – 64 92 6
ariane.mueller@gmx.net

Bankverbindung
Sparkasse Birkenfeld
BLZ 562 500 30
Konto 64 777
www.gdtfoto.de

GDT Naturfotografin des Jahres 2010 – Claudia Müller – „39 Cent"

Jedes Jahr veranstaltet die GDT für ihre Mitglieder auch einen internen Fotowettbewerb, bei dem Preise in ähnlichen Kategorien vergeben werden wie beim Wettbewerb „Europäischer Naturfotograf des Jahres". Eine Vorauswahl von zehn Bildern pro Kategorie wird auf der jährlichen Mitgliederversammlung gezeigt. Die Teilnehmer der Veranstaltung bestimmen dann die Platzierungen. Das Foto der Gesamtsiegerin 2010 stellen wir Ihnen hier vor:

„Ein eisig kalter Spätwintertag, die Landschaft ist tief verschneit und in eine dicke weiße Decke gehüllt. Seit Wochen sind die umliegenden Seen mit einer dichten Eisschicht überzogen. Der große See am Stadtrand hat noch einige wenige offene Stellen, an denen sich die Wasservögel versammeln. Viele Städter wandern hierher und füttern Schwäne, Stockenten und Rallen mit Brot und Getreideschrot. Für mich der perfekte Ort für ein paar fotografische Fingerübungen und Bewegungsstudien. Der leicht bedeckte Himmel ermöglicht relativ lange Belichtungszeiten und weiche ausgeglichene Farben. Vor allem die recht dominanten Stockentenerpel stürzten sich laut schnatternd auf die von meinem Partner zugeworfenen Brotkrumen. Aus einer ganzen Reihe von Bildern wählte ich dieses aus, da mich das ausgewogene Verhältnis von Dynamik und Grafik überzeugte. Das wunderbar grünmetallisch schimmernde Brutgefieder der Erpel und ihre leuchtenden gelben Schnäbel setzen farbige Akzente und sind Blickführer.

Die Wahl dieses Bildes stellt einiges auf den Kopf. Gute Naturfotografie ist an banalen Orten, mit einfachen Mitteln, in sehr alltäglichen Situationen und – wie in diesem Fall – mit der finanziellen Investition von 39 Cent in ein Weißbrot möglich. Der entscheidende Punkt ist immer: Wie nehme ich Natur wahr, und wie setze ich fotografisch das um, was sie mir gibt? Was ich fotografiert habe und wie ich das tat ist nicht neu, aber ich bin den letzten konsequenten Schritt gegangen und habe dieses Bild für meine Wettbewerbseinsendung ausgewählt. Die Welt ist verrückt. Unmögliches ist möglich. Und DAS ist gut so.

Claudia Müller

David Allemand
Mas Campine
84360 Puget sur Durance – Frankreich
fon: +33(0)622855217
allemand.david@gmail.com
www.david-allemand.com

Ingo Arndt
Anemonenweg 89
63225 Langen – Deutschland
fon: +49 (0)6103-7333591
fax: +49 (0)6103-7069056
ingo@ingoarndt.com – www.ingoarndt.com

Andrea Ballhause
Bahnstraße 34
40878 Ratingen – Deutschland
fon: +49 (0)2102-5301297
contact@naturfoto-ballhause.de
www.naturfoto-ballhause.de

Gianfranco Barbieri
Avd. Marques de Valdecilla, 38H
39110 Soto de la Marina
Spanien
fon: +34 942 579050, 0034 660 473251
elgenoves@telefonica.net

Maurizio Biancarelli
Via di Porta Romana 164
06024 Gubbio – Italien
fon: +39 3332315361
info@mauriziobiancarelli.net
www.mauriziobiancarelli.net

Werner Bollmann
Goethestr. 4
24116 Kiel – Deutschland
fon: +49 (0)431 – 970758
info@wernerbollmann.de
www.wernerbollmann.de

Theo Bosboom
Karthuizerstraat 37
6824 KB Arnhem – Niederlande
fon: +31 6 11 012 909
bosboom@dirkzwager.nl
www.theobosboom.nl

Grégoire Bouguereau
Vimages, 13 rue d'Angleterre
45000 Orléans – Frankreich
fon: 0033 238 62 48 12
contact@vimages.fr
www.viemages.com

Michal Budzynski
ul. Lesna 1073
43-374 Buczkowice – Poland
fon: +0048 517 4617 27
mail@michalbudzynski.com
www.michalbudzynski.com

Daniel Buron
Morcuera 19
28260 Galapagar (Madrid) – Spanien
fon: +0034 615 38 62 97
dburon@gmx.net
www.danielburon.net

Florent Cardinaux
13, rue du Cotard
25640 Roulans – Frankreich
fon: +33(0)619093583
florent.cardinaux@free.fr
http://www.florentcardinaux.com/

Asier Castro de la Fuente
Marcelino Menéndez y Pelayo nº 2 - 7º A
48004 Bilbao (Vizcaya) – Spanien
fon: +34649545955
asier.castro@gmail.com
http://www.ikusibilbao.com

Patrick Centurioni
Klammstrasse 77
6020 Innsbruck – Österreich
fon: +436509227795; fax: +436509227795
patrick.centurioni@gmx.at
www.centurioni.com

Giordano Cipriani
Via Teodoro Valfre 16
00165 Rom – Italien
fon: +393339171637
info@giordanocipriani.com
www.giordanocipriani.com

Marco Colombo
Via Biancardi 17
21052 Busto Arsizio (Varese) – Italien
fon: 0039-0331-628637
oryctes@libero.it
www.calosoma.it

Bruno D'Amicis
Piazza Pompei, 14
00183 Rome – Italien
fon: +39 339 2968520
bruno.damicis@fastwebnet.it
www.brunodamicis.com

Mees de Bruijne
Moye Keene 64
4791 BG Klundert
Niederlande
fon: (0031) 168402592
mdbruijne@hetnet.nl

Manfred Delpho
Am Rain 10
34281 Gudensberg – Deutschland
fon: 0049(0)5603-3132
fax: 0049(0)5603-910967
info@delpho.de – www.delpho.de

Carsten Egevang
Thomas Koppels Alle 20D
2450 Copenhagen – Dänemark
fon: +45 20788099
cep@dmu.dk
www.arc-pic.com

Göran Ehlme
Industrivägen 37
43361 Partille
Schweden
fon: +46313368270
goran@waterproof.eu

Angel M. Fitor
Pza. Diputación 1
03520 Polop. Alicante – Spanien
fon: +34637511466
seaframes@seaframes.com
www.seaframes.com

Peter Gaal
Zapor str. 13/a
1034 Budapest – Ungarn
fon: +36-70-333-5018
info@gaalphoto.hu
www.gaalphoto.hu

Uri Golman
Via Del Silvestro n2. p.2
22020 Fagetto Lario Como Molina – Italien
fon: +45 28 45 30 32
salg@urigolman.dk
www.urigolman.com

Csaba Gönye
Gábor Áron str. 57.
2092 Budakeszi – Ungarn
fon: +36306497627
gonye-csaba@vipmail.hu
www.csabagonye.fw.hu

Danny Green
49 Fearon Street
LE11 5DG Loughborough – Großbritannien
fon: 01509 551768
danny@dannygreenphotography.com
www.dannygreenphotography.com

Cyrille Grillère
Le village
01260 Iompnieu – Frankreich
fon: 00 33 6 19 17 43 13
cyrillegrillere@yahoo.fr
http://www.cyrillegrillere.com

Marijn Heuts
Dommelseweg 32a
5554 NS Valkenswaard – Niederlande
fon: +31642307730
m.heuts@onsbrabantnet.nl
http://www.destinationanywhere.nl

Paul Hobson
13 Ivanhoe Road, Sheffield
S6 5GB Sheffield – Großbritannien
fon: +44 (0)114 2323699
paul.hobson6@virgin.net
paulhobson.co.uk

Luis Manuel Iglesias Núñez
Culleredo, O Regueiro, número 62
15174 A Coruña – Spanien
fon: +34670616095
luismanuelmundonatural@gmail.com
www. luismanueliglesias.com

Toomas Ili
Endla 64-9
10613 Tallinn – Estland
fon: +3725058200
toomas@toomasili.com
http://toomasili.com

Radomir Jakubowski
Danziger Straße 9
66121 Saarbrücken
Deutschland
fon: +49(0)15775737713
radubowski@web.de

Britta Jaschinski
Flat 8, 101 Queensbridge Road
E2 8PB London – Großbritannien
fon: +44 (0)781 803 7261
britta.2@btinternet.com
www.brittaphotography.com

Veli-Pekka Katajamäki
Kuusikuja 11
60100 Seinäjoki
Finnland
fon: +358400207822
kuvakulkuri@netikka.fi

István Kerekes
Tunderfatyol utca 4E/10
9200 Mosonmagyarovar – Ungarn
fon: 0036-9139239
istikerekes@yahoo.com
www.kerekesistvan.com

Paul M. Kornacker
Jülicher Ring 85
53913 Swisttal – Deutschland
fon: +49(0)2255-310837
pkornacker@aol.com
www.pkornacker.de

Marek Kosinski
P.O.Box 26
PL-17-230 Bialowieza – Polen
fon: +48601291355
marek@kosinscy.pl
www.kosinscy.pl

Kerstin Langenberger
Sottenbacher Str. 21
53797 Lohmar – Deutschland
fon: 0711 6013636 / ++354 8476884
K-Langenberger@gmx.de
www.kerstinlangenberger.com (ab 2011)

Roy Mangersnes
Maurholen 59
4316 Sandnes – Norwegen
fon: ++4791134022
roy@wildphoto.no
www.wildphoto.no

Jarmo Manninen
Mannilantie 409
51200 Kangasniemi – Finnland
fon: +358405531001
jarmo@luontokuvat.net
www.luotokuvat.net

Bence Máté
Mezo u. 2/b
6769 Pusztaszer – Ungarn
fon: +36 30 286 2477
order@matebence.hu
www.hidephotography.com

Francisco Mingorance
Casa El Sol N°4. Avda, Amélia Sánchez
18690 Almuñécar-Granada – Spanien
fon: +34958881269
JFMINGORANCE@terra.es
www.franciscomingorance.com

Philippe Moës
18 Thier des Gattes
6950 Nassogne – Belgien
fon: +32477781379
philippe.moes@skynet.be
www.photos-moes.be

Jaroslav Nemec
Guttenbrunnerweg 8
81829 München – Deutschland
fon: +49 (0)89 421138
jnemec@gmx.de
www.jnemec.com

Lasse Niskala
Kilpalantie1
37470 Vesilahti – Finnland
fon: +35(0)405663142
niskalanlassejapaivi@hotmail.com
http://lasse.maanalainenlevykauppa.com

Juan Pavón
C/ Quero 71,4-Izda
28024 Madrid – Spanien
fon: +34656452726
juan.pavon@yahoo.com
http://juanpavon.photography.com

Julien Poirion
10 rue Principale
67290 Hinsbourg – Frankreich
fon: +33(0)630808300
julienpoirion@neuf.fr
www.julien-photographe.com

Manuel Presti
Via Ermanno Wolf Ferrari, 149
00124 Roma – Italien
fon: +39 340 9443615
manuel@wildlifephoto-presti.com
www.wildlifephoto-presti.com

Gabi Reichert
Hochstr. 7
55270 Bubenheim – Deutschland
fon: +49(0)61306974
gabi@5reicherts.com
http://www.blog.5reicherts.com

Michel Roggo
Rue de Lausanne 38
1700 Freiburg – Schweiz
fon: 0041 79 3553702
info@roggo.ch
www.roggo.ch

Jorge Manuel L. Santos
Rue des Pecheries 79, Bte 7
1170 Brussels – Belgien
fon: +3222995413
jorge@jorgesantosphotography.net
www.jorgesantosphotography.net

Simone Sbaraglia
Via Mario Musco 16
00147 Rome
Italien
fon: 00393484609180
simone@simonesbaraglia.com

Hans-Peter Schaub
Waldorfweg 41
59063 Hamm – Deutschland
fon: 0171-2845375
hp.schaub@t-online.de
http://www.hanspeterschaub.de

Kirsten Schiller
Ferdinandstrasse 28
12209 Berlin
Deutschland
fon: +49(0)162 6754820
kirstenschiller@web.de

Elisabeth Schmidbauer
Hagauer Strasse 150a
85051 Ingolstadt – Deutschland
fon: 0841-71722
info@lightcatchers.de
www.lightcatchers.de

Paweł Smolik
Boczna 8/46
43-606 Jaworzno
Polen
fon: 0048606125127
smolik.pawel@gmail.com

Olivier Seydoux
Alfred Borel 33
2022 Bevaix – Schweiz
fon: +41 79 796 58 88
olivier@oseydoux.com
www.oseydoux.com

Christophe Sidamon-Pesson
Lotissement Les Asphodèles
05600 Ceillac – France
fon: +33 4 92 45 44 94
c.sidamon-pesson@orange.fr
http://www.c-sidamon-pesson.com

Misja Smits
Rondopad 23
6544 PZ Nijmegen – Niederlande
fon: +31(0)6 21514604
misja.smits@planet.nl
www.misjasmits.com

Manel Soria
N.Talló 70-2-2
08224 Terrassa – Spanien
fon: +34 659 872 299
manel.soria@gmail.com
www.frikosal.blogspot.com

Hans Strand
Hertigvägen 3
12652 Hägersten – Schweden
fon: +46-8-186568
strandphoto@telia.com
www.hansstrand.com

Bartosz Strozynski
Kutrzeby 14/22
61-719 Poznan – Polen
fon: 0048668280248
strbart@supporter.com.pl
www.bartoszart.com

Paul van Hoof
Wormerveerstraat 46
6843AJ Arnhem – Niederlande
fon: +31621830399
info@paulvanhoof.nl
www.paulvanhoof.nl

Markus Varesvuo
Leikosaarentie 31 B 49
00990 Helsinki – Finnland
fon: +358405033831
markus.varesvuo@lintukuva.fi
www.birdphoto.fi

Tommy Vikars
Vikbäckvägen 25
64530 Norrnäs – Finnland
fon: +35(0)505236202
vikarstommy@gmail.com
www.tommyvikars.fi

Josef Vorholt
Fürstenwalder Damm 852
12589 Berlin – Deutschland
fon: +49 (0)30-76763513
fax: +49 (0)30-76763514
josef@josef-vorholt.de – www.josef-vorholt.de

Hugo Wassermann
Schießstandstrasse 3
39042 Brixen – Italien
fon: +39(0)472833461
hugo.wassermann@dnet.it
www.hugo-wassermann.it

Sven Začek
Hariduse 5-8
60512 Korvekula – Estland
fon: +3725296355
sven@zacekfoto.ee
www.zacekfoto.ee

Solvin Zankl
Schwartenbeker Weg 67
24107 Kiel – Deutschland
fon: +49 (0)4311311581
szankl@aol.com
www.solvinzankl.com

Christian Ziegler
401 Ave. Roosevelt
Panama City – Republic of Panama
fon: ++507-68637585
zieglerphoto@yahoo.com
www.naturphoto.de

Impressum

Umwelthinweis:
Der Inhalt dieses Buches wurde auf Papier
mit chlorfrei gebleichtem Zellstoff gedruckt.
Das Einbandmaterial ist recyclebar.

Die Deutsche Bibliothek – CIP Einheitsaufnahme

Europäischer Naturfotograf des Jahres
und Fritz Pölking Preis 2010
Steinfurt, Tecklenborg Verlag, 2010
ISBN: 978-3-939172-74-1

Redaktion und Layout: Sandra Bartocha
Textredaktion: Werner Bollmann
Gesellschaft Deutscher Tierfotografen e.V.
www.gdtfoto.de

1. Auflage 2010

Siemensstraße 4, D-48565 Steinfurt

Gesamtherstellung:
Druckhaus Tecklenborg, Steinfurt

ISBN: 978-3-939172-74-1